「後回し」にしない技術

「すぐやる人」になる

20の方法

イ・ミンギュ
吉川 南——訳

文響社

prologue

すぐに行動に移す人
先延ばしにする人

わたしに十分な長さのてこを与えてくれれば、地球でも持ち上げてみせよう
――アルキメデス

大きな成功を収めた人を見て、こんなふうに思うことがある。「あんな平凡な人がどうして……」

予想外に大きなことを成し遂げた友人のうわさを聞いて、こんな自問をすることもある。「おや、あいつがいったいどうやって、そんなことを？」

だが、ちょっと考えてみればわかるはずだ。彼らには、平凡な人たちとは少し違うところがある。そう、**他人が頭だけで考えていることを行動に移し、実行した**ということだ。

成果は「力量×実行力」で決まる

ヘレン・ケラーやマザー・テレサは、ただ考えるだけであれほど偉大な足跡を残せたのだろうか。

スティーブ・ジョブズやビル・ゲイツは、ただアイデアだけで最高のCEOになれたのだろうか。

彼らが偉大なのは、彼らの知識やアイデアがずば抜けていたからではなく、彼らが実行したからにほかならない。**99%の平凡な人たちも、数千通りの優れたアイデアを持っている。ところが、彼らは実行しない。一方、1%の特別な人たちは違う。彼らはアイデアを必ず行動に移す。**

「今度は絶対に5位以内に入ってやる」

「もうケンカはやめて、仲直りしよう」

「成功して素晴らしい人生を送りたい」

こんなふうに一歩踏み出すことを望んでいながら、いつもその場にとどまっている人たちは多い。勉強ができない学生とよくできる学生、不幸な人と幸福な人、失敗した人と成功した人、その違いはいったいどこにあるのだろう？

ズバリ、実行力だ。望むものが違うからではない。実行するかどうかの違いなのだ。

生まれ持った能力で世間の注目を集めた秀才でも、大人になってから凡才として生きている人は多い。資産運用の勉強はいっぱいしているのに、金持ちになれない人も数え切れない。優れた企画力がありながら成果を出せない組織もたくさんある。そうした人や組織には、ひとつだけ足りないところがある。

実行力だ。

同じ能力を持ち、同じことを願っている人でも、結果が千差万別なのはどうしてだろうか。それは、成果が力量と実行力を掛け合わせた値で決まるからだ。

つまり、**「成果＝力量×実行力」**だ。力量とは才能、知識、創造的なアイデアと組織の企画力、革新的な戦略などを含む。だから、**才能や知識、アイデアがいくら優れていても、実行力が0点なら成果もやはりゼロになってしまう**のだ。

すべての偉大な成功は、必ず実行することによって成し遂げられる。実行しなければ何も成し遂げることはできない。

実行力は資質ではなく技術だ

わたしたちは毎日、決意を新たにする。

「朝の運動を始めなくては」「悪い癖を直さなくては」といった生活上の小さな決心から、「10年後にはCEOになってやる」といった大きな決心まで、数多くの決心を繰り返す。だが、これらのうち大部分は三日坊主で終わったり、尻すぼみのまま、うやむやになってしまったりする。するとわたしたちはため息をつきながら、こんなふうに自分を責めるのだ。

「オレはなぜ、いつもこんな調子なんだ？」

多くの人は、実行力とはすなわち意志の力であり、意志の力は生まれつきの資質だと思っている。だから決心したことを三日坊主であきらめてしまった後で、自分を「意志が弱い人間だ」と責める人が多い。だが、それは誤った考えだ。

実行力は生まれつきの資質ではなく、学んで練習すれば誰でも開発できる、一種の「技術」だ。いつまでたっても行動に移せないのは、意志の問題ではなく、まだ効果的な方法を学んでいないからだ。ピアノが弾けなかったり、車の運転ができなかったりするのは、学んで練習していないからだ。

幸いなことは、実行力もピアノの演奏や車の運転のように、一種の技術だという点だ。だから実行力が足りなければ、実践のノウハウを学んで、練習すればいい。


わたしは日頃、ある自然の法則に基づく呪いを受け、先天的に機械いじりが苦手な特質が遺伝したのではないかと思っていた。ところが37歳も終わりに近づいたある春の日、散歩していたところ、隣の家の男性が芝刈り機を修理しているのを見た。わたしは畏敬の念をもって彼にあいさつした。

「すごいですね。そんな仕事は、わたしにはまったくできません」

すると、その隣人はわたしの言葉を聞くやいなや、ぶっきらぼうに言い放った。

「それはあなた、やってみようとしないからですよ」

まるで導師のように明快な彼の答えに、わたしは何も言えず、黙って散歩を続けた。


――スコット・ペック『愛と心理療法』より

実行力に優れ、それゆえ素晴らしい成果を上げる人たちには、自分の希望が明確で、アイデアを即座に行動に移すためのてこを持っているという共通点がある。

あなたは毎年初めに繰り返す三日坊主の習慣から抜け出したくはないだろうか。子どもたちの実行力を伸ばしたくはないだろうか。社員の実行力を高めたくはないだろうか。だったら、自分のことを意志薄弱だと責めてはいけない。忍耐力がないと言って、子どもたちをあまり叱ってはならない。実行力が足りないと言って社員をあまりにせき立ててはならない。代わりに、実行力に優れた人たちが持っている実践のノウハウを探してみよう。そして子どもや社員にてこを与えて、その使用法を教えよう。

わたしたちと何ら変わらない人たちが、ある日を境にわたしたちと完全に違う世界に住み始めたとするなら、彼らがわたしたちと違う決心をし、わたしたちが頭で考えているだけのことを実践したからにほかならない。わたしたちが先延ばしにしてしまうことを、すぐに実行に移したのだ。

実行力は「決心―実行―維持」という3段階からなる。実行力にあふれた人になりたければ、この3段階に応じた、効果的なてこを準備する必要がある。アイデアを成果に結びつけるには、必ずこの3段階を踏まねばならない。

決心の段階→実行の段階→維持の段階

本書は決心、実行、維持の3つの章からなっており、各段階別に実行力を高める方法を紹介している。各テーマではまず、実行に関する具体的なケースを紹介し、実行を妨げる心理学的な問題を分析した後、読者と一緒になって、その解決策を模索する。

いくらたくさん本を読み、いくら素晴らしいアイデアを持っていても、実行しなくては何の意味もない。

平凡な人と成功した人の違いは、知識ではなく実践にあり、成功した企業とそうでない企業の違いは、戦略ではなく実行力にある。個人であれ組織であれ、実行力こそが真の競争力なのだ。

この本の効果を最大限に引き出すために

本書の読者にいくつかのお願いがある。まず、貴重な時間を投資して本を読む以上は、受動的な態度ではなく、積極的な姿勢で読んでほしい。積極的な姿勢で読むには、著者が書いた内容を「ただ」読むのではなく、折々に自分に次のような質問を投げかけながら読むことが必要だ。

「わたしはなぜこの本を読まねばならないのか？」
「この本を通じて得ようとしているものは何か？」
「それを人間関係やビジネスにどう活用するのか？」

このように**質問を投げかけてこそ、答えを見つけることができ、優れた質問をしてこそ、優れた答えを得ることができる。質問は常に答えより重要なのである。**

積極的に本を読むもうひとつの方法は、いままでの読書パラダイムを変えることだ。もしこれまで読者の立場からのみ本を読んできたなら、これからは自分がこの本の著者であると想像しながら読んでみよう。常に学習者の立場から本を読んできたなら、今度は教育者の立場で誰かに教えるために読むことを考えてみよう。そうすれば、以前とは違うものが見えてくるだろうし、それによって以前よりずっと多くのものを得られるはずだ。目線が変われば見えるものが変わり、見えるものが変われば得られるものも変わる。

本を読むとき、他人から本を借りた場合のように、ページを汚さないように読む人が多いが、わたしはこれには反対だ。**本書を読むときは、必ずペンを手に持って読んでほしい。**覚えるべき内容が見つかったら、蛍光ペンでチェックするか、アンダーラインを引こう。印象的な部分があれば、「★」や「！」などさまざまな符号を使って、どのくらい強く感じたかを確実に書き残しておこう。

読みづらい部分やわかりにくい部分には「?」などを付けて、後でもう一度読んでみよう。もし違っていると感じる部分があったら、遠慮なく「×」印をバシバシと付けて、もっとよい代案を考えて余白に書き込もう。そうすれば他人が書いた本を読むのではなく、共著者として自分が書いた本を読む喜びを味わえるだろう。

本書は実行に関する理論書ではない。だから目次に沿って頭から順番に読んでもいいが、最後から読んでもいいし、目に付いたところから読んでもいい。一気に読んでしまってもいいが、時間のあるときにワンテーマずつ読んでもいい。ただ、**どんな場合でも、途中で読むのを中断して、自分の書き込みを中心に、それまで読んだ部分をもう一度見直してみてほしい。**テーマごとに、その日にすぐ実践できる小さなことをひとつ探してみよう。そして、その夜の12時になる前に実行に移そう。

実行は自己の才能に対する自信を育ててくれるもっとも効果的な方法であり、望むものを手に入れる唯一の手段だ。読者の皆さんが本書を通じて「いまいる場所」から「望みの場所」へと渡る橋を架けられることを、心から願っている。

モンゴルにて　イ・ミンギュ

「後回し」にしない技術

目次

第2章 実行する Taking Action

第１章

決心する

Decision Making

01

「成功のイメージ」に逃げ込んではならない

ゴールではなくプロセスを「見える化」する

販売実績の不振に悩む40代営業マン

「あるセミナーで、世界的な自己啓発コンサルタントについての話を聞きました。その人は営業マンから成功のコツを聞かれると、外車のディーラーに連れていって最高級車の横でポーズをとった写真を撮ってやり、こう言うそうです。『毎日、この写真を見ながら、この車の主人になった姿を生き生きとイメージしなさい。そうすれば、その通りになるでしょう』

うちの会社の成功例発表会でも、似たような話をたくさん聞きました。だからわたしもビジョンを持って、毎日自分が成功した姿をイメージしています。

ところで、いくら切実に願って、生き生きと思い描いてみても、まったく事情がよくなる兆しが見えてきません。いったい何が問題なのでしょうか」

目標をイメージするだけではなぜ失敗するのか？

「切実に願えばかなう」

「生き生きとイメージすれば夢が現実に変わる」

——この自己啓発の法則は、昔から聞き飽きるほど強調されてきたことだ。

ところが、このような話を絶対の真理であるかのように信じている人たちには申し訳ないが、ひとつ悪い知らせをお伝えしなくてはならない。残念ながら多くの場合、これは真実ではないということだ。


「切実に願い、生き生きとイメージしさえすれば、夢がかなう」といったプラスの自己暗示は、実際には思ったより効果がなく、目標を達成するうえでかえって邪魔になることもある。

心理学者のリエン・ファム（Lien Pham）は、ある大学生のグループに中間テストで高い点数を取った場面を「毎日生き生きとイメージしてごらん」と言って、そうでない大学生のグループと実際の中間テストの点数を比べてみた。研究の結果は予想を裏切るものだった。高い点数を取ったのは、イメージしなかった学生たちだったのだ。イメージした学生たちはかえって勉強時間も少なく、成績も低かった。

実際、切実に願えば必ずかなうとか、生き生きとイメージすれば何でも実現するということを法則のように信じる人たちの中には、大失敗をした人が意外に多い。

その理由を、2002年にノーベル経済学賞を受賞したプリンストン大学のダニエル・カーネマン（Daniel Kahneman）名誉教授はこう説明している。自信過剰になって計画を膨らませすぎた結果、「計画誤信（Planning Fallacy）」を引き起こすためだ、と。

ニューヨーク大学のガブリエレ・エッティンゲン（Gabriele Oettingen）教授は、ダイエット・プログラムに参加した女性たちを対象に、食欲をコントロールできると信じる（プラスのイメージ）グループと、そう思わない（マイナスのイメージ）グループを比較した。彼女たちを1年間にわたって追跡した結果、意外にもマイナスのイメージを持ったグループの方がプラスのイメージをしたグループより平均して12キログラムも体重が減ったことがわかった。

エッティンゲン教授は別の研究でも、2年にわたり大学生を追跡した。その結果、自分が希望の職場で働いている姿をいつもイメージしていた学生は、そうしなかった学生に比べて就職率が低く、就職後の給料も少なかったという事実を確認した。

なぜ、こんな結果が出たのだろうか？

それにはいくつかの理由がある。ひとつは、楽観的な考えを持つと、目標達成までの困難を予測して、かえって実践することを踏みとどまってしまうことがあるからだ。

バラ色の未来を「イメージ」してばかりいる人たちは、成功を手にする前に簡単に挫折してしまい、イメージの中に逃げ込む可能性が高い。鼻高々だった学生の方が顔を青くしていた学生よりも成績が悪いのはなぜか、ビジネスや人間関係で自信満々だった人が意外に失敗することが多いのはなぜか、これらの研究を見ると理解できる。

カウンセリングをしていると、イメージの中に浸りきって現実に適応できなくなった人によく出会う。理想のタイプにこだわって良縁を次々と断る人、可能性のないビジネスにバラ色の幻想を抱いて財産をつぶす事業家、一獲千金の夢におぼれて身を滅ぼしたギャンブラーも多い。さらには、あまりに非現実的なイメージに酔って、妄想や幻覚症状を示す患者もいる。

彼らはみな、望むものを生き生きとイメージし、成就を心から願った。だが、それがすべてだった。

実践を「続けられる人」の特徴

プラスの自己暗示が説得力を持ち、人々の心の中に根を下ろすのには、いくつかの理由がある。

ひとつ目に、希望を与えてくれるからだ。夢があっても実現させる方法を知らない人たち、方法は知っていても努力をすることが嫌な人たちに、「イメージすればかなう」という言葉ほど甘いものはない。

ふたつ目に、なぐさめを与えてくれるからだ。望むものを手に入れた状態を生き生きとイメージすれば、いまの状況にいくら不満があっても、なぐさめになり、笑顔でいられる。

３つ目に、勇気を与えてくれるからだ。心から願い、生き生きとイメージして夢をかなえたという話を聞けば、これまで思ってもみなかったことにも挑戦する勇気がわいてくる。

願いをかなえたければ最初にそれを心の中でイメージしよう、という話は確かに正しい。イメージできなければトライすることはできず、トライできなければ決して成功できないからだ。また、バラ色の未来を思い浮かべながら自己暗示をかければ、気分もよくなるかもしれない。

だが、目標を達成した姿をイメージするだけでは駄目だ。イメージを現実にするには、必ず満たしておくべき前提条件がある。それは、**成功への道を探し出すこと**。そして、その過程でどんな障害にぶつかるかを予想し、それを克服する方法を知らなくてはならない。

心から願い、夢をかなえる姿を生き生きとイメージしたら、それが現実になった、というわずかな成功例を、よく観察してみよう。彼らにはもうひとつ、他の人にないものがあることに気づく。

彼らは目標達成につながる、自分だけのルートを探し出しているのだ。このルートを探す作業を、「ルート探索（Pathway Seeking）」と言う。そして目標達成までに何をやり、障害物にぶつかったときにどう解決するかなど、成功までのプロセスを生き生きとイメージすることを「プロセスの視覚化（Process-oriented Visualization）」という。

人生の成功を手にするには、目標を達成した場面をイメージする「ゴールの視覚化（Outcome-oriented Visualization）」よりも、目標までのルートを正しくとらえる「プロセスの視覚化」の方が、ずっと重要なのだ。

心理学者のチャールズ・リチャード・シュナイダー（Charles Richard Snyder）は、大学生、スポーツ選手、一般人を対象にした実験と研究を通じて、達成レベルの高い人ほど、「自分は目標達成のための具体的な方法を探し出せる」という信念を持ち、これを実践する傾向が強いことを確認した。

成功へのルートを探し出せると信じる人たちには、次のような特徴がある。

まず、彼らは目標達成のための人並み外れた方法を探し出せると信じているために、そうでない人たちに比べて目標水準をより高く置く。そして、ある方法で失敗したら、次の方法を探せばよいと考えているため、失敗しても簡単にあきらめない。さらに、目標によってそれを達成する方法も異なると信じているために、さまざまな方法を探し出す。

目標を達成するには、ふたつの動機付けが必要だ。すなわち「スタート・モチベーション」と「持続モチベーション」だ。

スタート・モチベーションは、目標を達成した状態をイメージすること（ゴールの視覚化）によってつくられ、持続モチベーションは目標達成までのプロセスによってつくられる。したがって、目標達成へのルート（プロセスの視覚化）が見つからない限り、スタート・モチベーション（ゴールの視覚化）がいくら強くても、実践を持続させることはできない。そのため、目標を達成することができないのだ。

だから、決心を最後まで保って目標を達成するには、楽観的な態度だけでなく、悲観的な態度も併せ持つことが不可欠だ。なぜなら、願いさえすれば何でも手に入るという安易な考えよりも、成功に結びつくルートを探し出し、その過程でぶつかる問題を予想しながら、対策を立てることの方がより重要だからだ。

このように、**実行力に優れた人たちは、楽観的な思考と悲観的な考えを同時に持つことができる。**これを「両面的思考（Double Think）」という。デートの申し込み、禁煙、ダイエット、セールスなど、望むことが何であれ、それを手に入れたければ、両面的思考ができなくてはならない。

両面的思考を育てるためには、次のようなプロセスが必要になる。

第1に、望みを手に入れた自分の姿を生き生きとイメージし、そこからどのようなメリットが得られるかを最大限に探し出す。

第2に、目標達成へのプロセスでぶつかる難問や突発的な事態を予想する。

そして第3に、それらの問題に効果的に対処できる対策を立てる。

成功のコツは他の人の「方法」をまねること

世界最高の金持ち、ビル・ゲイツは、成功へのコツをこう語った。

「他の人のよい習慣をまねることだ」

世界で2番目の金持ち、ウォーレン・バフェットも金持ちになるコツについて、同じことを言っている。「金持ちになるコツのひとつは、他人のよい習慣を自分の習慣にすることだ」と。

「他人のよい習慣をまねる」——これをベンチマーキングという。ベンチマーキングは企業にのみ必要なものではなく、個人にも必要なものだ。**望むものを手に入れたければ、すでにそれを持っている人たちの習慣を研究して、それをまねるのがいちばんの方法なのだ。**

最高の講師になりたければ、最高の講師の講演を聴いてみよう。講演が終わったら、講師に名刺を渡しておき、講演の感想と質問を用意して、ぜひ会いたいというメールを24時間以内に送ろう。直接会ったら、その人にこれまでの歩みについて尋ね、一緒に写真を撮り、壁に貼り付けておく。そしてその人のように最高の地位に到達する道筋を心にイメージしながら、目標に達するための自分だけのキャリア・ロードマップを作ってみてほしい。

まず、実現したい夢や目標を思い浮かべる。そして、いまいる位置（スタートライン）から望みの場所（ゴール）までの道筋を心の中に思い描こう。

次に、目標とそれを達成する時期と年齢（締め切り、デッドライン）を書き入れる。そして、ゴールからさかのぼりながら、必ず通らなくてはならない中間目標（またはターニング・ポイント）とスタートラインに、その時期にしているべきことと、その年度、年齢を記入する。

書き終えたら、目標達成の方法、予想される問題、問題の解決策を考えて、目標達成のためにいますべきことを、ひとつ見つけて実行してみる。そして自分が目標にしていることをすでに達成している人たちをイメージしながら、彼らにメールを送って助けを求めたり、直接訪ねて助言を求めてみよう。

ロードマップを描くときに注意してほしいのは、あまりに完璧に作ろうとしないことだ。完璧にしようとすると、描こうという気持ちがしぼんでしまいやすくなる。ロードマップを作るのは、目的意識を持って生きるためであり、必ずしもロードマップの通りに生きる必要はない。また、その通りにならないのが人生だ。

あなたの夢は何で、夢を実現したあなたの姿はどんな様子だろうか？
夢を現実にしていく中で起こる問題は何だろう？
そして、その対応策には何が考えられるだろうか？

point

❶ 夢を実現した姿を具体的に（いつ、何を、どのように）イメージしてみよう。
❷ その夢を実現するための道筋を書きだしてみよう。
❸ 夢の実現のために、いますぐできることは何か、ひとつ探してみよう。

one more

行動に移さないアイデアはゴミだ

ある日、ひとりの男が有名な思想家、ウィリアム・ブレイクを訪ねてきて、こう聞いた。

「偉大な思想家になるにはどうすればいいでしょう?」

するとブレイクはこう答えた。

「たくさん考えなさい」

彼はまるで宝物でも手に入れたような気持ちになり、家に帰ると一日中、じっと天井を見つめながら「考えて」ばかりいた。1か月後、男の妻が泣きそうな顔でブレイクを訪ねてきた。

「夫が先生にお会いしてからというもの、食事をするのも忘れて、一日中ベッドに横になって、考え事ばかりしているんです。先生、うちの人にやめるように言ってください」

ブレイクが男の家を訪ねると、妻が言った通り、男は骨と皮ばかりになって、ベッドに横たわり、天井を見つめていた。彼はブレイクを見て、かろうじて起き上がり、こう言った。

「先生、わたしはこの1か月の間、これ以上考えることができなくなるまで考えました。偉大な思想家になるには、あとどのくらい考えればいいのでしょうか？」

するとブレイクはこう尋ねた。

「毎日体を動かすこともなく、考えてばかりいたのですね。いったい何をそんなに考えたのですか？」

男は「これ以上、頭に入らないくらい多くのことを考えました」と答えた。

その言葉を聞いたブレイクは、こう忠告した。

「わたしがうっかりしてお話ししなかったことがあります。行動しない人の考えは、ゴミと同じだということです」

あなたも、これまで考えてばかりいて、実行に移さなかったのではないだろうか。ならば、そのアイデアとは何だろうか。そして、それがまだ頭の中にとどまっている理由とはいったい何だろうか。

02

かゆくない方の足をかいていないか

「本当の問題」を見つける

3度の離婚を経て生きる意欲をなくした40代の女性

「最初の夫からは毎日殴られました。それで結局、別れてしまいました。2番目の夫は手を上げはしませんでしたが、いつもお酒に酔っていました。結婚生活はいつも大変で、わたしが家族を食べさせなくてはなりませんでした。しかたなく、その人とも別れました。3番目の夫は俳優のようにハンサムでしたが、浪費癖がひどく、クレジットカード会社のブラックリストに載ってしまいました。そして、わたしがやっとの思いでためたお金を全部持ち逃げしてしまいました。

この世に信じられる人は誰もいません。男の人はみなこうなんでしょうか」

関係のないことにエネルギーを浪費していないか

わたしに相談を求めてきたこの女性は、自分が不幸になったのはすべて男たちのせいだと考え、彼らをののしり、恨みながら歳月を送ってきた。ところが相談するうちに、彼女が大の酒好きだという事実がわかった。そして彼女が出会った3人の男には共通点があった。みな比較的ハンサムで、彼女と同じく酒が大好きだったのだ。

根本的な問題は、男たちにではなく彼女にあった。外見ばかりがよくて中身のない男たちを好きになる彼女の選択の基準と、失敗してもまた似たような男に出会う彼女の行動パターンが問題だった。

このように、自ら根本的問題をしっかり認識して、「繰り返しのパターン」を変えなければ、これからも失敗するしかない。

何かを変えようとするときにいちばん大事なのは、自分が抱えている問題とその原因が何かを「知る」ことだ。問題をしっかり把握しさえすれば、解決するのはたやすいことが多い。**実際に問題なのは、問題そのものよりも、自分の問題が何かをしっかり把握できないでいることなのだ。**

アルコール依存症、肥満、浪費癖など、問題を繰り返してしまう人たちの多くに共通するのも、深刻な状況にありながら、自分の問題を正確に認識できないという点だ。そうした人たちは、問題の原因を外部に求め、自分の外に非難の対象を探し出す。

また、人間関係にどこか問題があることは認めても、その問題が何かを正しく把握できない人も多い。

たとえば、帰りが遅いからと何日も不機嫌でいる妻を見て、問題が「遅い帰宅時間」にあるという結論を出した夫は、次の日から家に早く帰るようになった。それなのに、帰りが遅いと言わなくなっただけで、妻の態度には特に変化がない。その場合、夫は問題があることは認識していても、問題を正確に把握できていなかったといえる。

彼が解決すべき問題は、帰宅時間ではなく、愛情表現の問題、すなわち妻と一緒にいるときの態度、視線、会話の内容である可能性が高い。「なぜ毎日遅いの?」と小言を言うときでも、本質的な問題は帰宅時間ではない場合の方が多いのだ。人間関係の問題のほとんどは、一緒にいる時間の長さより、関係の質によって大きく左右される。

問題を正確に把握できていなければ、問題ではないことを解決するために、多くの時間とエネルギーを浪費することになる。一生懸命に努力しても関係が改善されなければ、それはただ問題をしっかり把握できなかったことに原因があると考えられる。問題を正確に把握しさえすれば、答えはおのずと出てくる場合が多いのだ。

だから問題を解決するには、まず問題が何であるかを、きちんと知らねばならない。

良い「問い」は良い「答え」に勝る

この部分に焦点を当てると、いかに多くの人たちが問題をきちんと把握できず、必死で努力しながらも、特に得るもののない人生を送っているかがひしひしと伝わってくる。

韓国には「反対側の足をかく」ということわざがある。かゆい足は放っておいて反対側の足をかくという意味で、問題の核心を把握できず、意味のないことに力を注ぐ人を例えるときに使う言葉だ。

誰よりも熱心に働いたのに、思うように成果が上がらないことがある。また、多くのことをしていながら、いつまでたっても認められないこともある。このように成果が出なければ、きっと「反対側の足」をかいているに違いない。こうした問題を解決するためには、必ず踏むべきステップがある。

第1に、まず問題があるという事実を受け入れなくてはならない。問題を認識することは、問題解決への最初のステップであり、核心でもある。問題を認識できなければ、解決する必要性が感じられず、解決方法を探すこともできない。アルコール依存症患者のいちばんの問題は、自分に問題があるという事実を認められないことであり、夫婦の問題が深刻になる理由は、関係から生じる小さな兆しに気づかないことにある。

第2に、問題をしっかり把握しなくてはならない。問題を正確に把握できなければ、関係ない問題を解決しようとして、無駄な時間とエネルギーを費やすことになる。**成功する人は、解決すべき問題が何かを正確に知るために十分な時間をかけるが、失敗する人は、問題を正確に把握するより前に、むやみに解決しようとしてあくせくする。**

問題をしっかり把握するには、適切な問いを投げかけることが必要だ。たとえば、「どうしたら店を大きくできるのか?」という問いは、「どうしたらもっとたくさん売ることができるのか?」に変える。「何を言おうか?」と問う代わりに、「どうしたら相手の心を動かせるのか?」という問いに変えてみる。問いが間違っていれば、求める答えは決して得られないのだ。

ある通りがかりの人が、犬と一緒に座っている男に近づき、尋ねた。「あなたの犬はかみつきますか?」男は「いいえ」と答えた。

その通行人が手を伸ばして犬をなでようとすると、犬がその手にかみついた。彼は怒って男に言った。「あなたの犬はかみつかないと言ったでしょう！」

するとと男が答えた。「この犬はわたしの犬ではありません」

――ロバート・P・マイルズ『バフェット 投資の王道』より

第3に、さまざまな解決策を模索して、その中からもっとも効果的な戦略を選び、実行に移さなければならない。

以前、わたしは自分の車のエンジンルームから騒音が聞こえるので、自動車の整備場に行ったことがある。若い整備士は汗を流しながら、エンジンを分解していくつか部品を交換した。だが、音はやまなかった。すると、少し年輩の整備士がやってきた。彼はエンジンを始動させ、しばらくエンジンルームに耳を傾けていた。そしてネジを1本外してから、再びぐいと締め直した。すると音はきれいに消えてしまった。そのベテラン整備士は、問題が何かを正確に把握して、もっとも時間と経費がかからない解決方法を見つけ出したのだ。

どんな問題であっても、その問題を正確に把握することさえできれば、解決はたやすい。いましていることの成果が上がらなければ、それは間違った問題を解くのに時間とエネルギーを浪費しているからかもしれない。

〈問題解決のためのＩＤＥＡＬステップ〉

●Ｉ：問題を認識する（Identify the Problem）――まず問題があるという事実をきちんと認識しよう。

（例）小さかったときとは違って、子どもたちが自分を避けているようだ。

●Ｄ：問題を把握する（Define the Problem）――問題があることを認めたら、問題の本質を正確に把握しよう。

（例）子どもたちに問題があるのではない。話を聞かずに説教ばかりする自分に問題があるのだ。

●Ｅ：解決策を探る（Explore Solutions）――可能な限り幅広く解決策を探る。次に、長期的な観点から最善の解決策を選択する。

（例）説教をせずに5分間の会話をする、銭湯に一緒に行く、話に耳を傾けて相づちを打つ。

●Ａ：計画し、実行に移す（Act on Your Plan）――最終的な期限を含めた実行可能な計画を立て、ただちに実行に移す。

（例）食卓で説教のない会話をするため、子どもが好きな歌や歌手について尋ね、相づちを打つ。

●L：結果を検討する（Look at the Effects）——結果を綿密に検討し、効果がなければただちに問題を再定義して解決策を修正、補完する。

（例）子どもの表情が変わり、会話が弾んだ。子どもたちが好きな歌についてもう少し知っていれば、雰囲気がずっとよくなるかも知れない。

point

❶ 実行できなかったり、うまくいかなかったりすることをひとつ探してみよう。

❷ IDEALステップで問題となっていることを把握し、代案を探してみよう。

❸ 解決につながる小さな行動をひとつ見つけて、ただちに実行しよう。

one more

街灯の下でカギを捜す理由

ある夜、ムラ・ナスルディン（Mulla Nasrudin：イスラムの寓話《ぐうわ》にしばしば登場する、間抜けで幸せな聖職者）が街灯の下で何かを捜していた。通りがかりの人がそれを見て、何をしているのかと尋ねた。カギをなくしたとナスルディンが答えると、親切にもその通行人はしゃがみ込んでカギを捜すのを手伝ってくれた。

小一時間も捜したのにカギは見つからず、ついに通行人はこう尋ねた。「本当にここでなくしたのですか？」するとナスルディンは、暗い路地を指差して答えた。「いいえ、あちらの暗い場所でなくしました」通行人は腹を立て、あきれたように聞き返した。「では、なぜこの街灯の下でカギを捜しているのですか？」ナスルディンが答えた。「ここが明るいからですよ」

これは古くから伝わる笑い話だ。だが、現実を考えると、笑ってばかりはいられない。わたしたちはしばしば、ナスルディンのように問題のありかを取り違えて、間違った場所で時間とエネルギーを無駄にしているのではないか。自分が必ず解決すべき問題は何か。そして、いまだにその問題を解決できない理由は何だろうか。

03

スケジュールは逆から立てなさい

「逆算スケジューリング」を取り入れよう

いつか自分のクリニックを開業したい20代の大学院生

「わたしの夢は自分のクリニックを開業することです。ですから、今日もこうして朝早くから研究室で勉強しています。一生懸命勉強していれば、いつか自分の夢をかなえることができると思います。

大学院を修了し、インターンになり、何年か専門的経験を積めば、クリニックをオープンできるでしょうか？」

最終目標が「いまやるべきこと」を決める

いろいろな人に会ってみると、目標は似ていても、それを成し遂げようとする方法は人それぞれだと思うことがよくある。わたしが指導する学生たちと話をしていると、ここに紹介したケースのような学生が意外に多いことに驚かされる。

わたしは、彼らにこんな質問を投げかけてみた。「いつ頃クリニックを開くつもりだい？」

すると、彼らの大半は「そうですね。10年、いや、15年くらいかかるでしょうか。まだ具体的に考えたことがないので……」などのように答えた。

一方、中にはこんな学生もいた。

「わたしは15年後に自分のクリニックをオープンするつもりです。そのためには開業の2年前までに最低限、自分の専門分野の論文3本を書き上げて本を1冊出版し、博士の学位をとらなくてはなりません。それでこそ、その分野の専門家として認められるのですから。そうするためには、7年以内に博士課程に入学しなくてはならず、さらにそのためには、これから5年以内に臨床研修を終え、専門家の資格試験に合格しなくてはなりません。そのために、わたしは必ず2年以内に大学院を卒業します。だから今日、これまでにまとめた論文のテーマについて先生とご相談したいのです」

ふたつのタイプの学生たちのどちらも、同じ目標を持ち、同じように熱心に勉強している。ただ、目標達成プロセスに対するアプローチの方法が違うだけだ。

前者は、ただ一生懸命やっていればいつか夢がかなうだろうという考えで勉強している。後者は、最終目標を達成するまでの期限をあらかじめしっかり定めておき、そこから逆算して目標までのプロセスを考え、いますぐにやるべきことを決めている。

「一生懸命やれば何とかなるだろう」と考えながら勉強をしている学生と、「未来の視点から、いま何をすべきか」を考えながら勉強している学生の、はたしてどちらが目標を達成する可能性が高いか。結果は一目瞭然だ。

スケジューリング、すなわち計画を立てる手順には、基本的にふたつの方法がある。現在を起点に順々に計算して目標達成の時期を推定する**「順行スケジューリング（Forward Scheduling）」**と、最終的に目標を達成する時期、つまり未来を起点に逆算していますぐすべきことを選択する**「逆算スケジューリング（Backward Scheduling）」**だ。

たとえば、順行スケジューリングの習慣を持っている学生は、こんなふうに一日を送る可能性が高い。

いざ勉強を始めようとしたら、友人から、落第点をくらってガックリしているから酒でも飲もうという電話がかかってきた。1杯だけ飲んで帰ろうと思ったが、酔っぱらって二次会、三次会まで行ったあげく、朝方に帰宅した。アラームが鳴っても、酒のせいで目が覚めなかった。ようやくベッドから出て鏡を見ると、髪がボサボサだ。あわてて頭を洗い、母親の小言を聞きながら、朝食もろくにとらずに家を出た。息を切らして走ったが、今日もやっぱり遅刻してしまった。

だが、もしもこの学生に逆算スケジューリングの習慣があったなら、次のようにまったく違った行動をとることだろう。

明日は絶対に遅刻できない。9時までに教室に入るには、8時40分までに校門に着かないといけない。それには7時10分には地下鉄に乗る必要がある。そうするには家を7時に出なければ。7時に家を出るなら、6時40分までには朝食をとっておかねばならない、そのためには6時に起きることが条件だ。だとすれば、今夜は12時前にはベッドに入るようにしよう。だから申し訳ないけれども、友人と会うのは後日にして、9時前に帰宅しよう。

実行力を高める「逆算スケジューリング」のやり方

さて、あなたの場合はどうだろう。

約束の時間や講義にいつも遅刻していないだろうか？

つまらないことのせいで、大事なことをいつも先延ばしにしていないだろうか？

さまざまな誘惑に簡単に負けてしまっていないだろうか？

もしこれらの質問にドキリとしたなら、逆算スケジューリングの習慣より、順行スケジューリングの習慣が体に染みついている可能性が高い。

現時点から見れば、すべてのことが重要に感じられる。また、重要なことより急ぎの用を選ぶ可能性が高くなる。しかし、**目標の達成を基準にして逆方向から現在の状況を見れば、選択の幅はずっと狭まる。**誘惑を振り切るのも簡単になり、目標と関係のないことを退けるのも容易になる。当然、ストレスも減る。

ビジネスの世界で、順行スケジューリングとは、作業開始の日を基準に得意先に納品できる日時を計算し、生産工程を組むことをいう。一方、逆算スケジューリングとは、得意先が希望する納期を基準に逆算して配送、清算、作業開始日などのスケジュールを組むことをいう。

同じ1年後が納期の場合、ビジネスマンのAさんとBさんを比べてみよう。

Aさんは納期を基準に逆算して、残り時間を常に確かめながら、適宜すべきことに集中する。一方、Bさんは「来月からやっても大丈夫」と思って出足から遅れる上に、いざ仕事を始めようとすると、他の仕事が出てきて進まない。残業や徹夜をしても、そのたびに突発的なトラブルが発生する。

どちらがより信頼できる取引相手だろうか。また、どちらがより成功の可能性が高いだろうか。

ビジネスに成功する人は、目標ができるとまず最終的な締め切りを設定する。そうしてから、締め切りから現在までの時間を把握し、逆算してただちに処理すべき課題をつくる。スポーツ選手が競技の日程に合わせてトレーニングをするように、**常に未来の時点から現在を判断する**のだ。

一方、失敗する人はほとんどが「一生懸命やれば何とかなる」などと言いながら、毎日手当たり次第に仕事をする。だから急な仕事ができると、すぐに横道にそれてしまう。

いまの時点から目先の仕事を見てしまうため、「やるべきこと」と「やらなくてもいいこと」の境界線があいまいになり、すべてが重要に思えてくるのだ。

成功者はみな逆算している

成功と幸福のカギが何であるかを見つけ出すための研究を50年以上も続けてきたハーバード大学のエドワード・バンフィールド（Edward Banfield）博士は、次のように自分の考えを整理している。

「われわれの社会でもっとも成功した人は、10年後、20年後の未来を考える長期的な展望を持っていた」

日本の有名な経営コンサルタントである神田昌典はこう言う。

「99％の人は、現在を見ながら未来がどうなるかを予測し、1％の人は未来を見据えながら、いまどう行動すべきかを考える。当然、成功するのは後者の1％だけだ」

したがって、**成功するのは簡単だ。未来から逆算して、現在の行動を選択する習慣を持ちさえすればいいのだから。**

逆算スケジューリングに熟達したいなら、ささいなことをするときでも、逆算して計画を立てる習慣を身につけるべきだ。たとえば、部屋の整理をするときでもあらかじめ最終的な期限を決めておき、おしまいから逆算して最終目標達成のためのポイントを探し出す。それから、いますべきことを選択するのだ。

このように、小さなことを通じてトレーニングを積めば、キャリア管理のような人生の重要な局面にも効果的に応用することができるだろう。人間関係であれビジネスであれ、未来の時点から逆に見れば、現在の状況がはっきりと把握できるようになる。

〈逆算スケジューリングの3つのステップ〉

●ステップ1：まず、達成したい目標と最終的な期限をはっきりと定める。
●ステップ2：目標を達成するプロセスにおける小目標と期限を定める。
●ステップ3：目標に関係する最初の仕事を選んで、ただちに実践に移す。

ひどく貧しい家の息子に生まれ、やっとのことで小学校を卒業してから上京した、ある少年がいた。彼は苦学を乗り越えて大学を卒業すると、留学の夢を実現するため、何のあてもない状態でデンマーク国王に論文と手紙を送った。そして見事にデンマークの国費奨学生に選ばれ、ノルディック農業大学を卒業し、さらにイスラエルのヘブライ大学大学院で農業経済を専攻した。

彼こそが、韓国にセマウル運動（1970年代に韓国政府が進めた農村近代化運動）を導入した柳泰永《リュテヨン》博士だ。

彼は目標を立てると、その目標を実現するため、次のように自分に問いかけた。

「大学総長になりたい。そのためにはどうする？　副総長にならねばならない。そのためにはどうすればいい？　教授にならねばならない。そのためにはどうするべきか？　留学しなければならない。そのために、いますべきことは何か？」

そうして彼は留学した後、大学教授となり、副総長を務めた。70歳を越えたいまも、「農村青少年未来財団」を設立し、青少年指導者の育成に情熱を傾けている。

老後への備えに関しても、2種類のスケジューリングのうちいずれかの方法でアプローチすることができる。

たとえば、いま30歳のふたりが、65歳に定年になると仮定しよう。ひとりは老後のために毎月の給料から生活費を差し引いた残額をできるだけ貯金しておけばいいだろうと考えている。彼はそうして老後に備えれば大きな問題はないと思い、何となく楽観視している。

もうひとりは違う。彼はいまから35年後の未来に行って、定年後に毎日の生活費がどれだけ必要かを計算する。そして、そこから逆算して、いまからどれだけ貯金しなくてはならないかをはじき出す。

彼は定年後に、いまの価値で少なくとも月々300万ウォン〔約23万円〕は必要だと判断する。財務コンサルタントに依頼して計算してみると、定年後の30年間（95歳に死亡と仮定して）毎月そのくらいの生活費を使うとすれば、23億3000万ウォン〔約2億円〕くらいは必要だという結論になる。そこで、そのくらいの資産を築くために、いまから定年まで毎月75万ウォン〔約7万7000円〕ずつ（税引き後の利回りを7％として、毎年5％ずつ増額すると仮定したとき）貯金しようと決心する。

順行スケジューリングで「一生懸命に暮らしていれば何とかなるだろう」と思いながら生きている前者と、逆算スケジューリングを活用して体系的に老後に備える後者のうち、どちらがより安定して幸せな老後を送ることができるだろうか。

逆算スケジューリングはキャリア管理やビジネスだけでなく、健康管理や人間関係など、人生のあらゆる分野で活用することができる。

幸せな老後を送るには、定年になって妻と一日中過ごすことになる時点からさかのぼって、今日妻にどのような態度をとるべきか考えてみよう。老後に子どもたちがそばにいて、あなたの話に耳を傾けてくれることを望むなら、力が衰えて孤独になった老年期を思い浮かべながら、いま大変な思いをしている子どもを優しくなぐさめてやろう。会社をやめてからも、いま一緒に働いている同僚たちとよい関係を保ちたいなら、名刺から肩書きが消えたときのことを想像しながら、部下にどんな表情と言葉遣いで接すればいいか、慎重に判断しよう。

このように、逆算スケジューリングの知恵を発揮すれば、いっそう豊かな人生を送ることができるはずだ。

わたしの机の前には、ずいぶん前に作ったタイムテーブルが貼ってある。2000年に作成したものなので、左端が2000年、右端は定年退職の年度が書いてある。定年の年度の下に0を書き、左端に向かってさかのぼりながら、カウントダウンをするように、1、2、3、4、5……という具合に、1年単位で数字を書き込んである。定年の年度の下には、そのときの息子と娘の年齢を書いてある。子どもたちの年齢も、右側から逆順に1年単位で記載してある。

わたしは毎朝、出勤して仕事を始める前に、このタイムテーブルをじっと見つめる。最初にいちばん右端を見て、左にさかのぼりながら、今年の数字に目を留め、今日は何をすべきか、しばし考えてみる。

右端に書かれた定年の年度になる前に、おそらく子どもたちはそれぞれ家を出て、自分たちの家庭を持つだろう。それから何年かして定年を迎えれば、わたしもこの研究室を空けて立ち去らねばならない。こんなふうに考えると、無駄に時間を過ごすことができなくなる。外の仕事でも、家族との関係でも、毎日を少しでも充実したものにしようと努力するようになる。

次の文章は、逆算スケジューリングの効果を学んだある学生から送られてきた感想文だ。

「TOEICの点数が780点を超えたら〝カチューシャ〟（駐韓米軍に配属される韓国軍人）に志願しようと思い立ちました。

ところが逆算スケジューリングを学んで考えてみると、このままではいつになったら目標を達成できるかわからない状況でした。そこで、2年生を終える前にカチューシャに志願することにしました。すると、1年生の終わりまでにTOEIC800点を達成しなければならないことになります。それには、そういう目標を立てるしかありません。

今年中にTOEIC800点を達成できなければ、軍隊に予定通り入れない事態になるかも知れないと思うと、英語の勉強にも自然と力が入りました。本当に、考え方の小さな違いが大きな変化をもたらすのだということを、身に染みて感じたのです」

10年後に達成したいあなたの目標はいったい何だろう？

これまで、その目標を達成するため、どんなスケジューリングを準備してきただろうか？

その目標を達成するために、いますぐできる小さなことは何だろうか？

point

❶ 絶対に達成したい長期的な目標と、最終的な期限を書いてみよう。
❷ 逆算スケジューリングで目標達成までのステップと、それぞれのステップの期限を決めよう。
❸ 目標達成のために、今日できることを実行しよう。

死後にどんな人間として記憶されたいか？

　ある日、先生が学生たちの名をひとりずつ呼びながら、「君は自分が死んだ後にどんな人間として記憶されたいか？」と質問した。もちろん、ちゃんと答えられる学生はいなかった。

　先生はアハハと笑いながら言った。「わたしも君たちが答えられるとは期待していなかった。だが、50歳になってもこの質問に答えられなければ、それは間違った人生を送ったと考えていい」

　その先生とは、「現代経営学の父」と呼ばれるピーター・ドラッカーがギムナジウムに通っていた頃に教わっていた、フリーグラー神父だった。その質問を死ぬまで大切に胸に抱き続けたドラッカーは、彼の著書でその答えを紹介している。

「わたしは人々が目標を設定し、達成できるよう手助けした人として記憶されたい」

あなたは死んだ後、どんな人間として人々の記憶に残りたいだろうか？

〝わたしは――――な人間として記憶されたい〟

04

「プランB」があなたを救う

どんなときも
「代案」を用意する

一日中トラブル続きだった、ある大学3年生

「今日から早朝にジョギングをすることにしたのですが、雨が降ったため初日から決心が崩れてしまいました。そこで〝もういいや〟と二度寝したら、寝過ごしてしまいました。あわてて起きて、朝食もとらずにバス停まで走っていったら、サイフを忘れてきたことに気づきました。結局、1時間目の講義は欠席してしまいました。午後は図書館に行ったのですが、席がなくて友達とインターネット・カフェに行きました。探そうと思った資料は探せず、ゲームをして2時間を過ごしました。締め切りに合わせてやっとレポートを書き終えたものの、キーボードを押し間違えて、一瞬で消えてしまいました。今日一日、まったく運がなかったとしか言いようがありません。なぜやることなすこと、うまくいかないのか……」

どんなに準備しても、突発的事態はやってくる

「前の車が急にブレーキを踏むとは思いませんでした」
「あんなところから子どもが飛び出してくるなんて、わかりませんよ」
「カーブにタイヤが落ちていたので、急ハンドルを切ったらそのまま……」

交通事故を起こした人たちが共通して言うのが「とうてい予測できなかった」という言葉だ。

道路ではしょっちゅう突発的な出来事が起こる。だから運転中は常に安全運転に念を入れるべきだ、ということは誰でも知っている。安全運転とは、事故を防ぐために、すなわち事故を起こしたり、事故に巻き込まれたりしないよう、運転中に起こりうるさまざまな突発的事態を予測し、速やかに対応できるよう心がけることをいう。

ほとんどの交通事故は、周囲の状況に対するドライバーの判断ミスと対応策の不足が原因だ。同様に、**実行に移したことを途中であきらめたり、人間関係やビジネスでトラブルが起こったりするのも、その大部分は突発的な事態に備えていなかったことに原因がある。**

わたしの知人で、所有して10年以上にもなる車を新車のように傷ひとつなく乗り回している人がいるが、彼によればそのコツはこうだ。

1 車を駐車するときは、できるだけ壁か柱の横に止めるようにする。そうすれば、少なくとも片側は100％安全だ。

2 車の正面を通路に向けた車の間に駐車する。前進して駐車場を出ていく車の方が、バックしなければならない車より、隣の車に傷をつける可能性がずっと低いからだ。

3 できるだけ外車や高級車の隣に駐車する。高価な車に乗っているドライバーは、一般に運転経験が豊富で、自分の車を傷つけるのを恐れてより慎重になるからだ。

人生では、いくら立派な目標を掲げ、素晴らしい計画を立てても、予想できない突発事故がしばしば発生する。デートの申し込みをするとき、払い戻しを申請するとき、お客さんや子どもを説得するときも、あれこれの突発的トラブルが発生して、わたしたちの意志をくじく。

失敗した人たちは何も考えずに実行に移して、予想もしなかったことで挫折する。だが、成功した人たちは、起こりうる突発事態を予想してそれに備え、常により多くのものを手に入れる。

コンピューターの専門家は予想外の問題でデータが消えてしまうのを防ぐために、常にバックアップ・システムを準備する。決心を実行するプロセスでも、このような**突発事態への備え**が不可欠だが、これをバックアップ・プラン、あるいは**「プランB」**という。

代案を持つ者が勝利する

人間関係、セールス、教育など、どんな分野でも説得の達人は常に「Ｎｏ！」という答えを予想する。そしてこれに対する代案を準備してから相手に接近しようとする。最初の意見が受け入れられない場合に提示することのできる第2案を準備し、第2案が拒否されたときに備えて第3案を準備する。

成功した人たちは、自分の意見がいっぺんに受け入れられるとは期待しないし、想像もしない。一方、失敗した人たちは、自分の提案が受け入れられない場合を予測できないことが多い。いや、断られることが怖くて、想像すらしたくないことが多いのだ。

彼らは断られると、簡単に挫折したり、むやみに強気に出てトラブルを起こしたりすることが多い。しかし、相手が「Ｎｏ！」と断ったとき、すぐに尻尾《しっぽ》を巻いて引き下がったり、顔を赤くして興奮したりしてはならない。代わりに、断られたり、攻撃されたたり、無視されたりといった数十通りの状況を予想し、それに対応できる代案を立てなければならない。それでこそ勝者になることができるのだ。

目標達成のプロセスの途中であきらめる習慣を持っているなら、それに対する強力な代案をつくっておかねばならない。たとえば、次のような3段階を考えればよい。

1目標達成のための具体的な実践計画（プランA）を考える。
2実践のプロセスで実践を妨害する突発事態を予想し、箇条書きにする。
3それぞれの事態に対する代案（プランB）を考える。可能なら代案の代案（プランC）も考える。

たとえばこんな感じだ。

週4回ジョギングをするという目標を立てたなら（プランA）、ジョギングと関連した突発事態をあらかじめ考えてみて、それに対する代案（プランB）を立てる。

「ジョギングをしようと思ったのに雨が降ったなら、フィットネスクラブに行って運動すればよい。さらにフィットネスクラブが閉まっていたら？　そのときは家で腕立て伏せとヨガをやろう」

こうして代案を立て、代案の代案まで準備しておけば、計画がくるったときにすぐ次の計画が始動する。だから、途中であきらめたり、お粗末な言い訳をしたりする必要がない。代案をつくっておけば、憂慮していた突発事態が起きても、余裕をもってこう言えばよいのだ。「やあ、また突発事態が来たな。だけど、悪いね。今回は代案を準備してあるんだ！」

天気を選ぶことはできない。だが、雨が降ればジョギングの代わりにマンションの階段を上り下りするという代案を選ぶことはできる。面接官の質問を選ぶことはできない。だが、予想される質問と答えをつくっておくことはできる。お客を選ぶことはできない。だが、うるさいお客を予想して対策を立てることはできる。デートを申し込むとき、相手の答えを選ぶことはできない。だが、相手の反応を予想して、断られたときの対策を用意しておくことはできる。あなたの身に起こることを自分で選ぶことはできない。だが、起こりそうなことを予想して、対策を立てることはいくらでもできる。

わたしのところに相談に来る人たちは、さまざまな決意をする。ところが、彼らのうちの多くはその約束を守れない。そこには一般的に次のふたつの言い訳のうちのひとつが付きまとう。

ひとつは、自分を「意志薄弱」であるとか「救済不能」とか言って、自分のせいにする内的な言い訳だ。もうひとつは、他人や周囲の環境のせいにする外的な言い訳だ。

「我慢しようとしたのに、夫がお話にもならないことを言うので……」

「怒らないようにしようとしたのに、子どもが歯向かうので……」

「スイミングに行こうと思ったのに、風邪をひいて……」

「禁煙中だったのに、夫婦ゲンカをしたのがきっかけで……」

そういう人たちに、わたしはこう尋ねる。「決心を実行しようとしたとき、予想された突発事態は何でしたか？　そして、それに備えた対策は何でしたか？」

こんな簡単な質問をするだけで、言い訳はできなくなる。決心を途中であきらめる原因は意志薄弱や外部の妨害というより、対策をしっかり立てていなかったことにある場合がずっと多いのだ。

偉大なリーダーほどみな怖がりだ

最高の経営者、戦争で勝利を導く将軍、偉大な政治家……彼らはみな、ある意味で怖がりだ。彼らは**怖がりだからこそ、実行中の仕事で想像しうる最悪の状況を予想し、これに対する代替案を準備する。**

サムスン電子は2010年第1四半期の実績発表で、営業利益が対前期25％増の4兆3000億ウォン〔約3800億円〕を記録したと発表した。前年同期比では、売上が

18・6%増、営業利益が628・8%も成長し、史上最高実績を記録した。

ところが同社の李健熙《イゴンヒ》会長は、「いまが本当の危機だ。サムスンもいつどうなるか、わからない。サムスンを代表する事業と製品は10年以内にほとんど消えるだろう」と危機的状況に備えた対策の準備を強調した。成功した個人と最高の企業は、頂上に近づけば近づくほど危機的状況が来ることを考え、より慎重な備えをするものだ。

誰よりも勇猛果敢だった征服者ナポレオンはこう言っている。

「作戦を立てるとき、わたしは世界にふたりといない怖がりだ。考えうるあらゆる危険と不利な条件を誇張し、絶えず『もしかしたら……』という問いを繰り返す」

これは戦争で勝とうとするなら、考えうる限りの危険要素を探し出し、それに備えた対策を準備しなければならず、対策を考えるときは危険を誇張しなくてはならないという意味だ。将軍は出陣するにあたり、「絶対に勝つ」という肯定的な信念ではなく、最悪の状況を常に念頭に置き、危険を誇張して、事前に徹底的な備えをしてこそ、勝利を得ることができるのだ。

19世紀ドイツの〝鉄血宰相〟ビスマルクは、当時最高の政治家としていまでも評価されている。政治とは絶え間ない妥協の過程であり、勝利と敗北の連続である。そんな中で彼が最高の政治家として名を残すことができたのは、相手が誰であれ、交渉を始める前に常にプランBを徹底的に準備したからだ。

決心を妨害する万一の事態に備えるために立てたプランBとは何か？　プランBが失敗したときに備えた対策は何か？　成功した人たちは失敗した人たちが予想できなかったことを予想し、幸せな人たちは不幸な人たちが考えもしなかった対応策を準備する。

〈プランBの3つの機能〉

①予測可能性（Predictability）：突発事態を予想する習慣を持てば、不確実性への不安感が和らぐ。

②制御可能性（Controllability）：予想される突発事態への対策を立てる過程で、状況と自分自身をコントロールする力が増強される。

③生産性（Productivity）：状況と自分自身に対するコントロール力の増強により、どんな状況でも後悔と損失を味わう機会が減り、成果と満足感を味わう機会が増える。

最悪のシナリオを予想すればストレスは減る

恐怖、不安、怒りなどの感情をコントロールできない人をサポートするために開発された心理治療法に、「ストレス免疫訓練（Stress Inoculation Training）」がある。本来はカウンセリングで相談者を援助するために開発された方法だが、最近ではコールセンター、デパート、レストランなどの従業員やキャビンアテンダントなどの「感情労働従事者」のストレスを減らすために広く活用されている。

感染症を防ぐには、毒性を弱めた病原菌の予防接種をして免疫をつくる。ストレス免疫訓練もそれと同様に、予想されるストレス状態を事前に頭に注入し、効果的な対策を探すことで、実際に受けるストレスに対抗する精神力を養う方法だ。

この訓練は３つの段階からなる。第１段階は、ストレス全般に関する教育が行われる。第２段階では、起こりうるストレス状況でどう行動するかリハーサルをする。第３段階は実際の状況で適用する。

状況が悪化したときに衝動的に反応してしまう可能性を予想し、そのような状況に賢く対処する方法を頭の中であらかじめ練習しておけば、悪い習慣から抜け出せる可能性がずっと高くなる。

禁煙していてもストレスを受けるとまた、たばこを吸ってしまう習慣があるとしたら、自分にそんな習慣がいつ、どのように現れるかを認識することが、悪い習慣を正すための第１段階になる。

第2段階は、発生しうる悪い状況を探し出し、悪い習慣に代わる策を考え、頭の中でリハーサルをすることだ。これを「**メンタル・リハーサル（Mental Rehearsal）**」という。

そして第3段階は、実際にそのような悪い状況に陥ったとき、リハーサルをしておいた方法の通りに実践してみる。

実際に頭の中でリハーサルをするだけでも、悪い習慣が消える可能性が高まる。ピッツバーグ大学とカーネギーメロン大学が共同で調査した研究結果によれば、頭の中であらかじめリハーサルをしておけば、実際に行動するときに脳の前頭葉皮質が活性化されるという。

メンタル・リハーサルをすると、その行為に関わりのある脳細胞が活性化される。そうすれば、悪い状況が起きたときに予行演習の通りに反応できる可能性が高くなる一方で、これまでの悪い習慣を繰り返してしまう可能性が低くなるのだ。

失敗する人たちは、「失敗するしかない」という言い訳をいろいろと探し出す。それでいて、自分の身に降りかかりそうな突発事態を予想したり、対策を立てたりすることもない。

一方、成功する人たちはチャレンジ精神だけでむやみに危険を冒すこともないし、ひたすら危険を避けることもない。彼らは他人が不可能だと言うことの中にも可能性のサインを見つけ、他人が楽観しているときも災いの小さな兆しを感じ取り、それに備えるのだ。

果敢に挑戦したものの、予想外のトラブルに見舞われてあきらめたものは何だろうか?

始めようにもどうにも意欲がわかない計画はあるだろうか?

それに対するあなたの対策は何だろうか?

point

❶ 目標を達成するために実行すべき決心をひとつ探そう。

❷ 決心の実行を邪魔するかもしれない突発事態を考えてみよう。

❸ 予想される突発事態への対応策、プランBを立てよう。

one more

成功率を99％に高める方法

インターネット業界の実力者である李開復《リーカイフー》がアップルで働いていたころのことだ。ある日、彼はCEOのジョン・スカリーとともにアメリカの人気テレビ番組「グッドモーニング・アメリカ」に出演し、新たに開発された音声認識システムを紹介することになった。

収録の前日、スカリーが彼に尋ねた。

「成功確率はどのくらいだい？」

彼は「約90％だ」と答えた。

するとスカリーがさらにこう言った。

「成功確率を99％まで上げてくれ」

翌日、彼はスカリーに実演成功率は99％だと言い、実際、実演は成功した。

スカリーは「ごくろうだった。昨日はシステム変更で大変だっただろう？」と彼をねぎらった。

すると彼はスカリーにこう答えた。「昨日のシステムと今日のシステムは同じです」

スカリーはびっくりして尋ねた。「じゃあ、成功率が99%に上がったというのはどういうことだ?」

李開復はこう答えた。

「成功率99%というのは間違ってはいません。問題が起きたら他のものに変更できるよう、コンピューターを2台準備したんです。1台のコンピューターがエラーを起こす確率は10%、2台が同時にエラーを起こす確率は10%(0・1)×10%(0・1)、つまり1%です。だから成功率は99%になります」

李開復はただコンピューターを1台追加するというプランBによって、成功率を90%から99%に上げることができた。

(李開復『最上の自分をつくれ』より)

あなたの決心を妨害する突発事態は何だろうか?

あらかじめ突発事態に備えるためのプランBは何だろうか?

05

「ひそかな誓い」はかなわない

「公開宣言効果」を利用する

気持ちを入れ替えて勉強に専念したい高1の男子生徒

「父が会社を解雇されました。わたしも気持ちを入れ替えて勉強しなくてはならないのに、一日中ゲームにはまっています。心では毎日、こう決心します。『ゲームはやめよう』『勉強に集中しよう』でもいくら心に誓っても3日ももたず、わたしの手が勝手にゲームを始めてしまいます。どうすればこの病気を治して、立ち直ることができるんでしょうか？」

「公開された考え」は変えにくい

決心があいまいになってしまう大きな理由のひとつは、心の中でひそかに誓うからだ。「右の手がしていることを左の手に知らせてはならない」という聖書の言葉は、誰かを助けるときは他人だけではなく、自分自身にも知らせてはならないという意味だ。だが、**決心を実行しようとするなら、右手がすることを左手だけではなく、周囲の人たちみなに知られるよう、公に宣言した方がよい。**

公に宣言すると、本当に決心が変わりにくくなるのだろうか。

心理学者のスティーブン・ヘイズは大学生を対象にした実験で、目標を公開した学生の方がよい成績を取るという事実を確認した。

1番目のグループには自分が取りたい目標の点数を他の学生に公開させた。2番目のグループには目標の点数を心の中でだけ考えさせた。3番目のグループには目標の点数について何も指示しなかった。実験の結果、決心を公開したグループが他の集団より明らかに高い点数を取った。決心を心にしまっておいたグループは、まったく決心をしなかったグループと統計的な差がなかった。**ひそかな決心は、決心しないことと同じ**なのだ。

心理学者のモートン・ドイッチは、大学生に直線を見せて、その長さを当てさせた。1番目のグループには推定値を紙に書いて提出させた。2番目のグループには推定値をホワイトボードに書いてもらってから、人に見せる前に消させた。3番目のグループには心の中でだけ考えさせた。そうしてから、実験者はすべての参加者たちに推定値が間違っていたと言って、学生の態度がどう変わるかを確認した。

実験の結果は劇的だった。推定値を心の中にしまっておいた学生たちは、ためらわずに自分の考えを修正した。一方、推定値を紙に書いて公開した学生たちは、自分の考えに最後までこだわった。自分の考えを言葉や文章で公開したなら、何としてでもその考えを変えようとしないのが人間だ。

極端な話、「Yes!」というひと言で自分の考えを表現した場合でも、人はその言葉に責任を持とうとする傾向がある。ある研究者は、ひとりの被験者が海辺にラジオを置いて立ち去ったとき、他の被験者にそのラジオを盗ませ、それを目撃した周囲の人の行動を観察した。

まず、ひとつ目の条件として、ラジオの持ち主は何も言わずにその場を立ち去るようにした。その場合、目撃者のうち20%だけが泥棒がラジオを盗もうとするのを阻止した。

次に、別の条件として、ラジオの持ち主が立ち去る前に隣の人に「わたしの持ち物を見ていてください」と頼んで、頼まれた人が「Ｙｅｓ！」と答えるよう誘導した。すると驚いたことに、「Ｙｅｓ！」と答えた目撃者のうち95％が最後まで泥棒を追いかけ、力ずくでラジオを取り返した。

このように**人は言葉や文章で自分の考えを公開すると、その考えを最後まで守ろうとする傾向がある**。これを「**公開宣言効果（Public Commitment Effect）**」という。決心を公に宣言するとなぜ、撤回するのが難しくなるのだろうか。

第1に、言葉がわたしたちの行動を決定するからだ。「わたしは勉強が好きだ」という言葉を繰り返し口にしていると、いつの間にか自分が勉強家だと考えるようになる。自分が勉強家だというアイデンティティーを持つようになると、勉強に熱を入れるしかなくなる。人は自分の言葉と行動を通じて、自分の態度を判断するようになり、態度は行動を決定する。だから、言葉を変えれば行動が変わるのだ。

第2に、否定的な評価を受けたくないからだ。人は言っていることとやっていることが一致しない人物に対して、「内と外が違う」とか「無責任だ」などの否定的評価を与える傾向があり、ひどい場合には「二重人格」とか「非常識」というレッテルを貼ってしまう。一方、言葉と行動が一致している人物に対しては、「言行一致」「信頼できる」

「一貫性がある」「責任感が強い」などの修飾語を付けて、肯定的に評価する。

第3に、ストレスを減らすことができるからだ。人は自分の言葉と行動が一致しないとき、自己認識に矛盾が生じ、ストレスを受ける。そこで何とかして自分の言葉と行動を一致させてストレスを減らし、精神的安定を求めようとする傾向がある。これを心理学では「認知不協和理論（Cognitive Dissonance Theory）」という。

決心を公開することが目標達成の助けになる理由が、もうひとつある。実行が困難になって途中であきらめたくなったとき、自分の決心を知っている友人や家族から援助を受けられるからだ。

決心が揺らぎやすいときは、支援を求められる誰かがそばにいると信じるだけでも、大きな助けになる。プリマス大学のシモーヌ・シュナル教授は、ある研究で人に坂を登らせて、その坂の高さを推測させ、登りづらさの程度を報告してもらった。その結果、友人とともに登った人はひとりで登った人に比べて15％も坂の高さを低く推測した。さらに、ただ友人がそばにいると思うだけでも、坂を登るのがずっと楽になると報告した。つまり、決心は他の人と共有するときにより守りやすくなるのだ。互いに見守り、応援し合うからだ。

決心を「公開宣言」できないのはなぜか

決心を実践に移したければ、他の人たちに公表するのがよい。にもかかわらず、なぜ決心を心の中にしまっておく人が多いのだろうか。

理由のひとつに、公開宣言の威力を知らないか、個人的な目標と決心は他人に公開するものではないという固定観念を抱いていることがある。実際、口ばかりが先に立ったり、あれこれ細かな個人的決心をすべて他人に話して回ったりする人は、どこか精神的に未熟だという評価を受ける傾向がある。

もうひとつの理由は、劇的な効果を狙うからだ。たとえば、学校では特に勉強などしていないようなふりをしながら、家では睡眠時間を削って熱心に勉強する学生が多い。ひそかに実践することでライバルを刺激せずに予想外の高い点数を取って、野球のサヨナラ勝ちのようにみなを驚かせることができるからだ。

また、恐れのせいだという理由も考えられる。公にした決心を途中であきらめれば、体裁が傷つき、非難されることもある一方で、ひとりで決心すれば、失敗しても非難と責任から逃れることができる。だから心の中で決心したことは、後で実行が難しくなると、そっとなかったことにしてしまう可能性がより高くなるのだ。

「公開宣言効果」が有効なのは、大人たちだけではない。心理学者のウィリアム・ウォードは、公開宣言効果が子どもにも大きな力を発揮する、という事実を実験で明らかにした。

彼は幼稚園児に工作をして遊ぶか人形遊びをするかを選ばせて、友達の前で宣言させた。その次に、子どもたちがどのように遊ぶか観察した。自由な状況にもかかわらず、自分の考えを口に出して公開した子どもたちは、自分の言葉に対して責任を負おうとする大人のように、約束した方の遊びを選んだ。

あなたは、子どもに自分から勉強や部屋の掃除をさせたいとき、どんな方法をとるだろうか。少なくとも、子どもたちに一方的に命令したり、せき立てたりするのはやめた方がいい。代わりに、子どもたちが決心を公開宣言できる方法を探してみよう。子どもたちに仲良しになってもらいたいだろうか。だったら、ケンカをするなと怒るのではなく、仲良くすると宣言する機会をつくってやろう。

世界最強のボクサーが活用した自己コントロール法

世界的なボクサー、モハメド・アリにも、戦いたくない相手がいたという。彼は自叙伝で、「戦いたくない相手と当たったとき、わたしは相手を必ずノックアウトしてやると〝公開宣言〟した。そして約束を守るために強力なスパーリング・パートナーを探して、夢中で練習した」と自分だけの秘法を公開している。そうして彼は歴史上、もっとも偉大なボクサーになった。

自己制御力と実行力が優れた人は、外部の力を活用して自分をコントロールする。公開宣言は外部の力を利用したもっとも効果的な方法のひとつだ。ただ、公開宣言の効果を最大化するために注意するべき点がいくつかある。

第1に、**できるだけ多くの人に公開しよう。**決心の公開範囲が広ければ広いほど、実行可能性が高くなる。たとえば、韓国南部のある村が「禁煙の村」になったとテレビに紹介されたことがある。数か月後、記者がその村を再び訪れて、まだ禁煙を続けているかと尋ねると、あるお年寄りがこう言った。

「禁煙の村だと全国に知られたのに、どうしてたばこを吸っている姿を見せられるかね」

決心を成功させたければ、特によく見せたい人や体面を守らねばならない人の前で公開宣言しよう。なぜか。誰でもそうした人の前では、より自分の言葉に責任を取ろうとするからだ。

第2に、**繰り返し公開しよう。**次に挙げたのは、わたしの講義を受けていた読者からのメールだ。公開宣言の回数が増えれば、それだけ決心を撤回する可能性は低くなる。

「博士はわたしのことをご存じないでしょうが、わたしは4、5年前に博士の講義を聴いたことがあります。わたしは博士の本で読んだ通り、月給90万ウォン〔約7万円〕で塾の講師をしていた頃から周囲の人たちに『自分は必ず最高の塾長になる』と、ことあるごとに宣言しました。また、『そのために、わたしは毎日、他人より早く出勤して遅くまで働く』と繰り返し言いました。そうすると、本当に体面が関わるような気がして、そのように行動するようになり、いまは年俸1億ウォン〔約890万円〕台の、この地域最高の塾長になりました。そうやって繰り返し周囲の人たちに宣言しなかったら、わたしはこの座にいなかったでしょう」

第3に、**劇的な効果を狙うなら、劇的な方法を探してみよう。**わたしの著書の読者のひとりが、体重を減らすことは死ぬより難しいと言って、助言を求めてきた。わたしは彼女に、他人のコントロール効果を活用すれば、ずっと簡単な方法で体重を減らすことができると言って、公開宣言効果について説明した。しばらくして、彼女からこんなメールをもらった。

「教授からメールをもらって、同じ班の人たちに、1か月以内に2キログラムやせなければ、お昼ご飯にドッグフードを食べると公表しました。そして絶対におやつを勧めないよう、頼みました。すると3か月で10キログラムも体重が減りました。いまでは77サイズの服を66サイズにするのが目標です。そこで朝会の時間に同僚の前で、今年中に66サイズ、ウエスト26インチにすると公表しました。そして食べ物の誘惑にかられるたびに、心の中でこう叫んでいます。『わたしは犬じゃない！』と」

第4に、**決心を確実に実践したければ、公開方法をもっとたくさん探してみよう。**禁煙を決心したなら、恥ずかしがらず周囲の人たちに自分のことを注目してもらおう。人に会ったら「最近、たばこをやめて……」という具合に、わざと会話の中に決心の内容をはさんでみよう。もっと本を読みたいなら、次の集まりで読後感を発表すると自分から申し出よう。体重を減らしたいなら、毎週1度ずつ、ブログに体重を公開しよう。訪問者は少なくてもよい。決心をおおっぴらに公開したという事実自体だけでも、計画を中止する可能性は減り、実践の可能性が高まる。メールやツイッターやフェイスブックで知り合いに決心を明かし、時々「ダイエットはどうなりましたか」などと聞いてもらうようにしよう。

第5に、**はっきり宣言し、約束を守らなかったときに払うべき代価を明らかにしよう。**「いつかわたしも禁煙しようと思います」などと、いつでも逃げ出せるような中途半端なやり方はいけない。次のように、途中で抜け出せないような工夫を徹底しよう。

「わたしは今日からたばこをやめました。もし1本でもたばこを吸ったら、1000万ウォン〔約76万円〕をわたしがいちばん嫌いな政党に匿名で寄付します」

このように決心を具体的に宣言し、もし守れなかったときに払うべき代価は何かをはっきりと示しておこう。

「禁煙クリニックに登録しました。登録する前に、別れの儀式としてたばこ1本に火をつけ、煙を深く吸い込みました。吸わなかったたばこを何箱か丸ごと捨てると、まるで恋人と別れたように悲しい気分になりました。その日、わたしはすべての知り合いにこんなメールを送りました。

『○○です。これまで26年も吸ってきたたばこを、今日限りでやめました。手を貸してください。もしわたしがたばこを吸うところを見た方がいたら、10万ウォン〔約8900円〕差し上げます』家ではリビングの壁にこんな紙を貼りました。『お父さんはたばこをやめた』

それから6か月になりますが、一度もたばこを口にしていません」

決心をゆるがせたいなら、もっともよい方法がある。誰にも知らせずに、秘密にしておくことだ。だが、決心したことを実行したいなら、広く知らせよう。揺らぐ可能性が高い決心は、いっそう広く公開しよう。公開宣言をしてでも、ぜひ実行したいあなたの決心は何だろうか？

point

❶ いつも決心しながら実行できないでいることを、書き出してみよう。
❷ どんな内容を、誰に、どのように公開するか、考えよう。
❸ 公開宣言した約束を守れなかったら、誰にどんな代価を払うかを決めよう。

one more

「一日不作、一日不食」の精神

唐の時代の禅僧、百丈懐海《ひゃくじょうえかい》は、厳しい修行をして一生を過ごしたことで有名だ。彼はあらゆる職務から食事にいたるまで、禅宗で守るべきさまざまな規律をまとめた「百丈清規《ひゃくじょうしんぎ》」を定めた。また、「一日働かなければ一日食をとらず」という意味の「一日不作一日不食」の教えを生涯にわたって自ら実践した。彼は叢林《そうりん》（禅寺）の方丈（最高責任者）の地位にいたときでさえも、毎日の労働の先頭に立った。90歳になっても他の人と同じように働く百丈禅師を見かねた弟子たちは、ある日、そっと農機具を隠して、休むように勧めた。すると禅師は「徳のないわたしが、他の人だけに苦労をかけるわけにいかん」と言って、あちこち道具を捜し回ったが、見つけられなかった。するとと禅師は、その日一日、食事をとらなかった。修行をする身といえども、一生懸命働かなければ食べてはいけないという厳しい教えを、自ら守ったのだ。彼のこうした精神と思想は、労働と参禅の一致という禅宗の習わしとして引きつがれた。このように、参禅と労働を一致させることを「労禅」または「禅労兼修」という。

思っているだけで実践に移せないでいる決心は何だろうか？

守れなかったら一日の食事を抜くと、公に宣言してでも実行したい決心は何だろうか？

06

変われないのは望んでいないからだ

切実な理由を探そう

公務員試験を目指して勉強中の20代の女子大生

「わたしは大学を休学して公務員試験の準備をしている女子学生です。９月にあった試験に失敗してしまい、次の試験は来年の３月なのですが、勉強がはかどりません。休学したのがいけなかったのでしょうか。時間が十分にあると思うせいか、意欲がないせいか、何が問題なのかよくわかりません。これではいけないとは思いつつも、ボーイフレンドのことばかり考えていて、勉強に手が付きません。何とかしたいと思っています」

「なぜ、やらなくてはならないか」を突き詰める

変わりたいと思っていても、なぜ変われないのだろうか。これまでの人生に満足できないなら、いままでなぜそんなふうに生きてきたのかという理由をまず考えよう。試験勉強のために休学までして、一度試験に失敗してもいるのに、なぜ最善を尽くさないのか……。

時間があるから？　意欲がわかないから？　ボーイフレンドのせいで？　いいや。実は、**いまの状況が、耐えられないほど苦痛ではないからだ。切実に望むものがないからだ。**

世界的スターのＲＡＩＮ（ピ）は、あるインタビューのなかで最終オーディションのことをこう回想している。

「当時、わたしは崖っぷちに立たされていて、これ以上引き下がることはできませんでした。母の入院費の支払いが遅れていて、治療費も払えず、妹の面倒も見なくてはならなかったため、とにかく何かしなくてはならない状況でした。もしわたしがネズミだったら、目の前に立ちふさがったネコにかみついてでも逃げ出さなければならないような、

隠れる場所も逃げ道もない状況でした。ここで落選したらもう行くあてがないという差し迫った気持ちで、オーディションの間、一度も休まず、5時間も踊り続けました。そうやって、オーディションに合格することができたのです」

彼は18回もオーディションに落ちたが、「やらなくては死ぬしかない」という気持ちがあったからこそ、あきらめなかった。オーディションに合格することは、彼にとって本当に切実な問題だった。他のことを考えている状況ではなかったのだ。彼にとってスターになったいまでも、初心を忘れず「ここで頑張らなくては死ぬ」という思いで活動しているという。

何かを成し遂げたければ、漠然と「やってみよう」という考えでは駄目だ。「なぜ、やらなくてはならないか」、その切実な理由を探さなくてはならない。

状況が切迫したり、切実な理由が見つかりさえすれば、あなたの選択はたちまちシンプルになる。他のことを考えている暇はなくなる。あなたの心の中に切実な願いが生まれさえすれば、それを妨げる誘惑を振り切るのは簡単だ。**どんな目標でも、切実な理由を探し出し、差し迫った気持ちで取りかかれば、その目標はすでに半分は成功したも同然だ。**

あなたが望んでいてもまだ実践できないことがあるなら、それだけ切実でないからだ。

心の中でそれがまだ最優先になっていないのだ。

現状に不満を持つ人たちはみな、「変わりたい」と言う。だが、それを実践する人は意外に少ない。苦痛を感じていながら、人が変われない理由は何だろうか。それは、まだ苦痛の大きさが十分ではないからだ。変化を何度も試みながら、いつも失敗しているのなら、失敗による苦痛がまだ十分に大きくないからだと考えるべきだ。

人間は実に頑固な動物だ。苦痛が十分に大きくならない限り、自分から変化しようとしない。大部分の人はそうだ。ただ、少数の成功者は違う。彼らは外部から苦痛を受ける前に、行動を変える。変化できないとき、将来に予測される苦痛を前倒しして、自分を切迫した状況に追い詰める。これがつまり、「自己動機化（Self-Motivating）能力」だ。

変化するために必要な「切迫」と「切実」

変化を起こすには、必ずふたつの理由が必要だ。ひとつは、いまの状態から抜け出さなければならない切迫した理由。もうひとつは、何が何でも目標を達成すべき切実な理由。

変化を望みながらも変化できないのは、現状がそれほど切迫しておらず、切実に望む

理由もないことを意味する。その状態では、絶対に変化に成功することはできない。

「勉強の神」といわれるある人がテレビでこう言っていた。

「一生懸命に勉強する人よりも、楽しく勉強する人の方が確かに成績が上がります。ですが、もっと成績が上がるのはどんな人か知っていますか？　切羽詰まっている人です。わたしには勉強するしかない『切迫した理由』があったために、いまの位置にいるのです。実は、わたしも勉強が嫌いでした」

勉強であれ、ダイエットであれ、ビジネスであれ、あきらめずに最後まで貫こうとするなら、それだけ切迫した理由が必要だ。そして頑張って目標を達成したとき、十分に報われたと思えるだけの見返りがなくてはならない。すべてにおいてそうだが、「してもしなくても構わない」という態度では、絶対に人並み外れたことはできない。

ニーチェはこう言った。「生きるべき理由を知っている人は、そこにいたる方法も探し出す」と。

目標を達成すべき切実な理由を探し出す人は、その方法も何としてでも探し出す。勉強がもっとできるようになりたければ、あるいは経済状況を改善したければ、そうすべき切実な理由を探さねばならない。あなた自身を切迫した状況に追い込まなくてはならない。

言葉を換えて繰り返し言うが、効果的に行動を変える手段は、ひとつしかない。まだ変えられないでいる習慣を、耐えられないほどの苦痛に結びつけ、新しく起こす行動を信じられないほど大きな見返りに結びつけることだ。

〈自己動機化の3つのステップ〉

●ステップ1：変えたい習慣や実行したい決心をひとつ探してみよう。
●ステップ2：変化しない場合に起こりそうな恐ろしい状況をありありと具体的にイメージしよう。
●ステップ3：実行したときに起きるプラスの変化を想像しながら、アクションプランを立てよう。

投げる石ばかり見るな。水面に広がる波紋を見よ

「これ、絶対にしなくちゃならないの？」

「放っておいても大丈夫でしょ？」

人はやっていたことを続けるのが大変なとき、こう言い訳をして途中でやめてしまう。

ところで、それは平凡な人だけだろうか。トーマス・エジソンは、1000回以上失敗してもあきらめずに研究を続け、白熱電球の発明に成功した。では、エジソンは途中であきらめたくなったことはないのだろうか。もちろんあるはずだ。エジソンもおそらく、たび重なる失敗に途中であきらめたくなった。だが、それを耐え抜いた。その違いは、彼の場合、白熱電球の発明がそれだけで終わらないことをあらかじめ知っていた点にある。

あることが起こると、それによって大小さまざまな影響が広がるが、これを**「派生効果（Derivative Effect）」**という。特に発明や技術的な変化などは、個人の人生だけではなく、集団全体に幅広い変化をもたらす。社会学者のウィリアム・オグバーン（William Ogburn）は、ラジオの発明がもたらした社会的変化は150通り以上に及ぶと言った。

限りなく繰り返される失敗の中でエジソンを支えたのは、「派生効果ノート」だった。彼はあきらめかけたときに、夢を実現した後に起こりうる派生効果を文章に整理した。白熱電球に関するアイデアを1ページで整理したら、白熱電球の発明によって得られる派生効果に関しては9ページにもわたって書き込んだ。たとえばこんな具合だ。

「実用的で耐久性のある電球をつくれば、アメリカ中の家庭、工場、事務室、建物、農場の石油ランプやガス灯は、わたしが発明した電球に取って代わられるだろう。そうなれば電気がたくさん必要になるだろう。そうしたら、わたしは発電機をつくって販売する。最初のうち、人々は電球だけを使うだろうが、電気が供給されるようになれば、労働力を減らし、効率性と生産性を高めるために、他のさまざまな電気製品を購入するようになるだろう。わたしはそれらの電気製品を発明し、そのすべての製品をアメリカだけでなく、北米、南米、ヨーロッパ、アジアなど、全世界に販売することができる」

もしエジソンが白熱電球を売ることがすべてだと考えていたなら、はたして白熱電球を発明する過程でぶつかった何千回もの失敗を乗り越えることができただろうか。彼は失敗を重ね、もうあきらめようという誘惑にひかれるたびに、ノートに書き留めた発明の派生効果を読み返した。

ひとつの目標を放棄すれば、その目標だけでなく、そこから生じる多くの派生効果までもすべて放棄しなければならない——そう思いながら、彼は執念を燃やし続けた。そうしてたび重なる失敗にもめげず、ついに白熱電球の発明に成功した。**さまざまな目標を追求する過程で、目標達成後の派生効果まですべて考えることは、苦難と挫折に打ち勝つ大きな原動力になるのだ。**

〈「派生効果ノート」作成の3つの効果〉

①仕事が面白くなる：将来にもたらされる結果を想像することで、「やるべき仕事」を、「やりたい遊び」に変えることができる。

②動機が与えられる：仕事が終わったらすぐに報われるだけではなく、長期的な派生効果も生じるためにあきらめにくくなる。

③プライドが持てる：自分が最後まで努力する姿を見ながら、自分は途中であきらめるような人とは違うというプライドを持てる。

派生効果が重要なのは、電球の発明など、大きな仕事ばかりではない。夫が言い出す前に義父母の誕生パーティーを提案したとすると、いったいどんな派生効果があるだろうか。誰もいないオフィスに真っ先に出勤して、ひとりだけの時間を持つ小さな習慣の派生効果は、どのようなものだろうか。

身近な場面で派生効果を考えられる人は、そうでない人と比べて数年後に完全に違う人生を歩むことになるだろう。朝起きて配偶者に温かい眼差しを向けることの派生効果の大きさに気づけば、夫婦のお互いに対する満足度は高まり、離婚率は下がるだろう。同僚に対する小さな親切がどれほど広範囲な結果を生むか予想できれば、職場の雰囲気は完全に変わり、成果もいっそう大きくなるだろう。

何かを望みながらもうまく実行できないでいる人たちには、数千通りの「実行できない理由」がある。だが、彼らに必要なことは、「それを実行すべきただひとつの切実な理由」だ。

朝寝坊の癖が20年以上直らない人でも、好きな人から一緒に早朝に運動をしようと誘われたら、いっぺんに朝寝坊の癖は消えてしまうだろう。やるべき理由さえ見つければ、あれほど嫌だった勉強も、誰かに邪魔されたら腹が立つほどにまで夢中になる。

梨花《イファ》女子大学の崔在天《チェジェチョン》教授は、あるインタビューでこう言った。

「勉強も、なぜやらなくてはならないかを悟れば、やるなと言われたら悲しくなります。わたしも勉強が嫌いでどうしようもない学生でした」

だから、どんなことでも、それをすべきしっかりとした理由をひとつだけ探せばいいのだ。

あきらめずに最後まで決心を実行する人たち、だから成功する人生を歩む人たち、彼らの共通点は、他人が「できないと言うための多くの言い訳」を考えているとき、「やるべきただひとつの切実な理由」を探し出すことにある。

あなたが絶対に実行したい決心は何だろうか？
その決心を必ず実行しなくてはならない、切実な理由は何だろうか？

point

❶ それなりに我慢できるためにまだ変えられないでいる、悪い習慣を探してみよう。
❷ その習慣を変えられない場合に起こるマイナスの派生効果を考えてみよう。
❸ その習慣を変えることで起きるプラスの派生効果を考えてみよう。

one more

誰も見ていない仕事に必死になる

システィーナ聖堂は1481年にローマのバチカンに建てられた法王専用の礼拝堂で、いまでも法王を選ぶ枢機卿《すうききょう》会議であるコンクラーベの会場として使われている。1508年、法王ユリウス2世から要請を受けたミケランジェロは、この聖堂に不朽の名作「天地創造」を描いた。彼は聖堂にこもり、人の出入りを禁じて、完成までの4年間、ほとんどの間首をそらして上を向いたまま、天井画を描く仕事に没頭した。彼はこの姿勢が習慣になり、しばらくは手紙に目を通すときも紙を上に掲げて、首をそらしたまま読んだという。ある日、いつものように天井の下にしつらえた足場に座り、首をそらして、天井の隅々まで気を入れて絵を描いているミケランジェロに、ひとりの友人が尋ねた。「おい、よく見えない隅っこの方まで、どうしてそんなに必死になって描いているんだ？　誰もそこまで見えないだろう！」その言葉にミケランジェロはこう答えた。「何を言っている。わたしには見えるじゃないか！」

他人に見えようが見えまいが隅々まで手を抜かないミケランジェロのように、仕事そのものが好きだという態度を、心理学では「ミケランジェロ動機(Michelangelo Motive)」という。彼のように、誰も見てくれなくても好きな仕事、あなたが「自分が好きで」没頭している仕事は何だろうか?

第２章

実行する

Taking Action

07

ベストタイミングは常に「いま」だ

どうせやるなら
素早く処理する

「あしたやろう」病にかかった大学2年の男子学生

「教授、『試験勉強の7段階』というジョーク、ご存じですか?

『1段階…家に帰ったらやろう→2段階…晩ご飯を食べたらやろう→3段階…おなかがいっぱいだから、少し休んだらやろう→4段階…このテレビ番組を見終わったらやろう→5段階…徹夜して頑張ろう→6段階…明日の朝、早起きしてやろう→7段階…ええい、こんちくしょう(T_T)』

　完全にわたしと同じです。いつも5段階までは必ず達成しています。やるべきことをやらないで後回しにする悪い癖、どうやったら直るでしょう?」

新年の決意が3日しか続かないのはどうしてか？

固く決心したことが、しばしば後回しになってしまうのはなぜだろうか？

心に誓った新年の決意が、何日もたたないうちにうやむやになってしまうのはなぜだろうか？

はっきりと言おう。その最大の理由は、あなたの心の中に「実行したくない」という強い動機が隠れているからだ。

「食事の後でやろう」という言葉には、「いまはしたくない」という強い拒否感が隠れている。「正月からたばこをやめる」というのは、「いますぐ、たばこをやめるつもりはない」ということであり、「結婚記念日からダイエットを始める」は「それまでは腹いっぱい食べよう」を言い換えたものだ。

だから**特別な時間、特別な日まで決心を先延ばしにすることは、表向きはいくら変化を望むと言っても、内心では絶対に変化したくないと言っているのと同じことだ。**そのため、いざ実行すべき時間になると、その決心はさらに明日、そして来年に延ばされることになる。

決心を先延ばしにするもうひとつの大きな理由は、同じことでも実行する時期によってその難しさの程度が違って感じられるからだ。すぐに勉強するのは嫌でも、夕食後はなぜか勉強が進む気がする。いま手にしているたばこをやめるのは難しいが、新年から禁煙するのはなぜか簡単に感じられる。このように、同じことでも時間的距離によって実行の難易度が違うように感じられる現象を「時間不一致（Time Inconsistency）現象」という。そのため、後で実行する計画に対しては気持ちが大きくなりやすく、いくら小さいことでもすぐに実行に移すのは難しい。だから**実行は常に先延ばしになる**のだ。

人は誰でもそうだが、すぐできることでもぐずぐずと先送りし、固く決心したことでもそっと実行を遅らせるものだ。

持ち前のウイットとユーモアで有名だった劇作家、ジョージ・バーナード・ショーは、その名声にふさわしく、死ぬよりずいぶん前に自分の墓碑銘をこのように書き記した。

「もたもたしているうちに、こうなると思っていた！」

彼はなぜ生前にそんな墓碑銘を書いたのだろうか。彼もわたしたちと同じく、ぐずぐずと大事なことを先延ばしにする癖があったのではないだろうか。たぶん彼はそんな自分をいましめるために、こんな奇想天外な墓碑銘を考えたのだろう。そうして彼は老いてからも執筆や講演活動、社会運動など、誰よりも盛んに活動を続け、94歳でこの世を去った。

億万長者は手紙やメールを返信するスピードが違う

ごく例外的なケースを除き、わたしはメールの返信をすぐに書くことにしている。いつかある読者はわたしが送った返信メールを読んで、こんな内容の返事を送ってきた。

「教授、お早いお返事、ありがとうございます。まるでチャットでもしているようです。こんなに早くお返事を下さるとは思ってもみませんでした。すぐに送っていただいたメールを読みながら、ひとりでこんなことを考えました。

『この著者の方はすることがないんだろうか』

すいません（笑）。このことから、わたしは大事なことをひとつ学びました。わたしがこれまで生きるのがつらかった理由のひとつは、反応時間が遅かったせいかも知れないということです。ぐずぐずと先延ばしにするのがわたしの得意技でしたから……」

経営コンサルタントの本田健は、金持ちの生活習慣を研究するため、日本の国税庁の高額納税者名簿を手に入れ、そのうち億万長者1万2000人を対象にインタビューとアンケートを実施した。彼の調査で明らかになった金持ちの面白い特徴のひとつは、高額所得者であればあるほど、アンケートへの回答が早かったことだ。なぜか。

金持ちは暇だからだろうか？　いや。彼らはどうせしなくてはならないことなら、早く処理する方が有利だという事実を、体験から知っているからだ。忙しい日常の中でも、スピーディーに決定する習慣が身についているのだ。金持ちはビジネスの上だけでなく、個人的な手紙やメールの返信も早く、誰かからささやかな助けを受けたときも、感謝の手紙を素早く送ることが調査から明らかになった。

スピーディーに反応すれば、どんな状況でも他人の好感と信頼を得ることができる。なぜなら、人は相手がスピーディーに反応してくれるとき、自分が尊重されていると感じ、相手を信頼できる人だと判断するからだ。電話やメールの応答が遅れたり、返事がなければ、その人が自分を無視したり侮辱しているように感じられると言う人も多い。

実際、何であれ早めに片づける人であっても、嫌いな人から頼まれると、わざとでも遅らせるものだし、のろまな怠け者でも好きな人の前では、反応の速度がいきなり光速にまで上がるものだ。

したがって、**どうせしなくてはならないことなら、即断即決で処理するのがよい。速**

度は自分を他の人たちと差別化するもっとも効果的な手段であり、アドバンテージをとるためのもっとも確実な要因だ。すべきことを迅速に処理すれば、相手にとってだけでなく自分自身にも助けになるが、それにはいくつかの根拠がある。

第1に、より重要なことをより能率的に行うことができる。素早く処理して頭の中からそのことを消し去れば、コンピューターでいえばCPUを消費している重要でないプログラムを終了させるのと同じ効果を生み、重要なことを処理する速度が上がる。

第2に、人生がより自由になる。すべきことを後回しにすると、忘れてしまわないようにその仕事を常に頭の中で考えていなければならないため、その仕事が終わるまでずっと束縛されることになる。

第3に、望むものをより多く得ることができる。スピーディーに反応して他の人から信頼され、好感を持たれるため、より豊かな人生を送ることができる。どんなことをするにしても、スピードは有利な位置を確保するのにもっとも重要な機能を果たす。そのため、すぐに処理できることは可能な限り早く処理すべきだ。

ベストセラー作家のポール・マッケンナは、金持ちが成功した原因を求めるため、ヴァージングループのリチャード・ブランソン会長ら、多くの億万長者にインタビューし、彼らの成功戦略を6つにまとめた。その5番目に挙げられていたのが「迅速性」だ。

成功したビジネスマンのほとんどは、新しいプランができると、24時間以内に何かを実行するという。それならば、わたしたちも決心したら24時間以内に行動に移す習慣を身につけようではないか。

本を買ったら24時間以内に1ページでもいいから読もう。最後まで読み終えたら、24時間以内にその内容を誰かに知らせよう。どんなかたちであれ、24時間以内に最初の一歩を踏み出そう。

人生でもっとも破壊的な単語は「あとで」

重要な仕事を先延ばしにするのは、不幸な人の共通点だ。彼らは「あとで！」「明日」「いつか」という単語をしきりに口にする。「いまは気分が乗らないから後でやろう」「今日は忙しいから明日やろう」と。

彼らは、いまはまだそのときではないと言って、実行を遅らせる。それでいて、新年になったら、誕生日から、結婚記念日から、始めると誓う。しかし、**新たなスタートのための完璧なタイミングはないのだ。**正月元旦になったらあなたを守ってくれる天使が舞い降りてくるということもないし、誕生日になったからといって魔法のようなことが起こることもない。禁煙をするのにもっともよい日などカレンダーには載っていない。勉強を始めるのにもっともよい時間もない。

もっとも実践に適した日は「今日」であり、もっとも実行に適した時間は「いま」である。決心を実行するのに、「いま」ほどよいときはない。ある特別な日から禁煙を実行すると考えずに、今日からただちに禁煙を始めて、今日を特別な日にしてしまう方がずっと早い。

人生でもっとも破壊的な単語は「あとで」だ。人生でもっとも建設的な単語は「いま」だ。つらく不幸な人たちは、「明日やろう」と言い、成功して幸せな人たちは「いまやる」と言う。だから「明日」と「あとで」は負け組の単語であり、「今日」と「いま」は勝ち組の単語だ。

他人より多くの成果を上げて早く昇進し、より多くのお金を稼ぐ人たちには、どんな重要な資質があるのだろうか?

それはすなわち、**決心をただちに行動に移す姿勢、行動志向性だ。**

コンチネンタル航空の最高運営責任者(Chief Operating Officer)として会社の再生を導いたグレッグ・ブレネマン(Greg Brenneman)は、それを可能にしたのは行動志向性のおかげだとして、次のように述べた。

「わたしたちは行動し、決して後ろを見なかった。だから、コンチネンタルを救うことができたのだ」

日本電産は、「すぐやる」「必ずやる」「できるまでやる」というモットーで、地方の小企業から始まり、系列社140社を従える巨大グループに成長した。組織行動専門家であり、アメリカのスタンフォード大学教授のジェフリー・フェファー（Jeffrey Pfeffer）も、優れた成果を上げる個人と組織のもっとも特徴的な資質は「行動志向性」だと説いている。

広告の歴史上、もっとも優れた3大キャンペーンのひとつは、ナイキの「Just Do It.（とにかくやってみろ!）」だ。1970年代、世界的にもっとも有名なスポーツシューズ・ブランドはアディダスだった。ところが、数人の若者が集まってスポーツシューズ会社をつくり、アディダスに挑戦した。周囲の人たちはみな、無理だと言って止めたが、彼らのひとりが「とにかくやってみよう」と言って、「Just Do It.」キャンペーンを提案した。彼らは文字通り、ただちに行動に移した。このキャンペーンでナイキのシェアは18%から43%に急上昇し、ナイキはアディダスをしのいでナンバーワンのスポーツシューズ会社になった。

実行力を高めたければ、つまり、成功の可能性を高めたければ、あれこれ考えずに、いますぐ目標に関係した何かに手を付けるべきだ。

いつだったか、妻とケンカして冷戦状態が何日か続いたときのことを思い出す。平気なふりをしていながらも、しかめっ面をしていたわたしに、中学生の娘がそっと近づき、こうささやいた。

「お父さん、あまり考え込まずに、いますぐ悪かったたって謝ればいいのよ!」

娘のおかげで、その日の夜、わが家は再び平和を取り戻した。うちの子たちはしばしば、わたしに大切なことを教えてくれる優れた先生になる。

わたしが指導していた学生のひとりが、こう尋ねてきた。「教授、どうすれば先生のように毎朝すっと起きられるんですか? わたしは早起きが本当に苦手なんです」

わたしはこう言ってやった。

「方法はひとつだけだ。『ただ、ぱっと』起きればいいのさ」

わたしはこれを「ぱっとテクニック」と呼んでいる。ややこしくあれこれ考えているから起きられない。起きなければと思えば、「パン!」という銃声とともに弾丸のごとく飛び出すランナーのように、「アクション!」という監督の声がかかるや演技に没入する俳優のように、ただ「ぱっと」起き上がればいいのだ。

もっともよいアイデアは常に作業をする過程で出てくる

変化を妨げるもっとも大きな障害は「あとで、他のところで」であり、成功するためのもっとも大きなきっかけは「いま、ここで（Now & Here）」だ。そして、どうせやらなくてはならないのなら、やりたくないことから先にやろう。腹の立つお客がいたら、まずそこに近づいて怒りを解きほぐそう。失敗をしたなら、さっさと誤りを認めて謝罪しよう。友人の誕生日にプレゼントを渡せなかったら、すぐにカードか手紙を送ろう。その場で感謝を告げることができなかったら、いますぐ電話をかけてみよう。しばらく健康診断を受けていなかったら、今日にでも健診の日を予約しよう。

どうすれば本を書けるのかとわたしに尋ねてくる人は多い。わたしの答えはいつも同じだ。

まず書き始めなさい、というものだ。仮のタイトルでも付けて、1行でもいいから思いついたことをすぐに書くようにアドバイスする。

たった1行しか書けなくても、その瞬間にすでに本を書き始めたことになるのだ。わたしも20数年前に初めて本を書いたときは、そうやって始めた。未熟な原稿だとわかっていても、1行ずつ書きためて、当時いちばん名のある出版社に当てもなく原稿を送った。結果は当然「ノー」だった。だが、わたしの執筆活動はそうやって始まった。

道を知らなかったら、すぐに道を聞こう。ピアノを習いたければ、いますぐピアノ教室に電話しよう。スポーツをやる決心をしたら、その場でストレッチングをして、エレベーターに乗らずに階段を使おう。資産運用をしたければ、すぐに関連記事を読み始め、預金通帳をつくろう。気に入った異性がいたら、近づいてあいさつをしてみよう。何かやりたいことがあったら、それが何であれ、いますぐ始めよう。

車を買うのが目標なら、すぐにその車の価格を調べ、ディーラーに行って試乗することもできる。大学に行くために、いきなり毎日20時間ずつ勉強することはできなくても、今日にでも行きたい大学を訪ねてみることはできる。

写真作家のチャック・クロース（Chuck Close）は「インスピレーションが浮かぶのを待っていてはいけない」とアドバイスする。**もっともよいアイデアは、常に作業をする過程で出てくる**からだ。インスピレーションが働かないので文章を書けないという人が多いが、実際は文章を書き始めないからインスピレーションがわかないのだ。まだ準備ができていないので始められないという人も多いが、実際は始めないから準備ができないことの方が多い。

勉強をしようかどうしようか。好きだという告白をしようかしまいか。旅行に行こうか行くまいか。**「しようかどうしようか」と迷うときが、やってみるベストタイミングだ。「行こうか行くまいか」と迷うときが、行ってみるベストタイミングだ。**

後悔するのに早すぎるということはなく、スタートするのに遅すぎるということはない。やりたいことがあれば、それが何であれ、いますぐやろう。途中でやめてもいいから、とにかく始めてみよう。

そのようにして1か月ほどすれば、自分が成し遂げた成果に驚くだろう。1年もたてば、びっくりして気絶するかも知れない。

次に紹介する文面は、わたしの講義を受けた、あるサラリーマンから送られてきたメールだ。

「先生は、『どうせカエルを食べなくてはならないのなら、じっと見ていないで食べてしまえ』とおっしゃいました。わたしがいつも計画を立てながらまともに実行できず、頭が混乱するばかりで何ひとつやり遂げたことがなかった理由は、まさにそこにあるようです。

毎朝、出勤して机に向かうと、『実行』されるのを待つ重要書類が見えます。飲み込むのが難しい『カエル』たちです。そして、そこから目をそらして重要でない仕事をします。それでもカエルたちはわたしの目の前を行ったり来たりします。

これからは、どうせ食べなくてはならないカエルなら、大きなカエルから飲み込むことにしました。最近では、将来何かになる（Be）ためには、必ずいま何かをしなくては（Do）ならないという事実を悟り、毎日実践しています。出勤したらのんびりせずに、すぐ『今日やるべき3つのこと』をメモします。そして、最初に重要な仕事から始めるようにしています」

多くの人が適当な時期を待つために、多くの時間を無駄にしている。**本当に残念なのは、ただ時間を浪費するだけでなく、待っている間に頭の中にあった目標が消えてしまうことだ。将来、何かになりたければ、必ずいま何かをしなくてはならない。**アメリカの第26代大統領、セオドア・ルーズベルトはこう言った。

「いまいる場所で、持っているもので、できることをしよう！」

夢を成し遂げるため、あなたがいまいる場所で、いま持っているもので、すぐにできることは何だろうか？

あなたの心があなた自身に「いまやろう！」とささやいていることは何だろうか？

point

❶すべきだと思いながらも実行していないことを思い出してみよう。

❷その中からひとつを選び、実行していない理由を考えよう。

❸いますぐできることを探して、実行し、経過を書き留めよう。

「いますぐやりなさい」

すべきことを思いついたら、いますぐやりなさい。
今日は晴れていますが、明日は雲がかかるかも知れません。
親切なせりふを思いついたら、いま口にしなさい。
愛する人がいつまでもそばにいるわけではありません。
愛の言葉があれば、いま言いなさい。
愛する人があなたのそばを離れるかも知れません。
ほほ笑みたくなったら、いま笑いなさい。
ためらっている間に、友人たちが去ってしまうかも知れません。
歌いたい歌があったら、いま歌いなさい。
歌を歌うにはもう遅すぎるかも知れません。

（作者未詳）

残念なことは、多くの人が大事な人に対して言うべき大切な言葉を、最後の瞬間まで先延ばしにすることだ。

これまで忘れていた、あなたにとって大切な人たちは誰だろうか？

これ以上先延ばしにせず、すぐにその人に伝えるべき大切な言葉は何だろうか？

08

最初の1%の行動に全力を注げ

小さなことから始めよう

すべてのことに意欲がわかない大学2年生

「すべてのことが、自分の手に負えないような気がしています。

部屋の掃除、ダイエット、英語、恋愛、就職……どれも他の人たちは簡単にこなしているのに、自分には『やる気』が出ないんです。よくよく考えてみると『やる気が出ない』という言葉を口にぶら下げて生きているようです。

『TOEICの勉強をしなくちゃいけないのに、やる気が出ない』『必修科目なのに統計学を履修する意欲がわかない』『好きな人がいても電話をかける気にならない』等々。

だから、絶対にしなくちゃいけないのに、まったく手を付けられないでいることもたくさんあります。わたしはなぜすべてに意欲がないのでしょうか？」

わたしたちはなぜ、「それ」を始められないのか？

何かしたいのに意欲がわかないでいる人は多い。

「英語で日記を書きたいのに意欲がわかなくて……」

「好きな女の子に声をかけたいのに、その気にならなくて……」

「部屋の片づけをしなくちゃいけないのに、なかなかやる気が出なくて……」

ところで、「意欲」のことを韓国語では「オムドゥ」と言うが、これは漢字の「念頭」から来ている。「考えの最初」という意味だ。つまり「意欲がわかない」という意味の「オムドゥ　モンネンダ」という言葉は、あることを実践するどころか、それを考えることさえ難しいという意味で使われる。

なぜ意欲がわかないのか。やりたいことがあまりに難しくて、ちゃんとできそうにないと思えるからだ。だから多くの人は、手を付ける前に夢をあきらめる。だが、**少数の成功者たちは違う。彼らはいくら難しいことでも、その中から簡単にできる小さなことを探し出す。**そして失敗した人たちには考えも及ばなかった大きなことを成し遂げる。

走り出しさえすれば、半分は終わったも同然

ある日、受講生のひとりがお笑い芸人のまねをしながら、始めることの大切さについてこんな意見を発表した。「ことわざで『始めたら半分終わったようなものだ』と言いますよね。だったら1000メートル競走で「よ〜い、どん！」と走り出したら、その瞬間に500メートル走ったことになるんですか？　なんでだろ〜、なんでだろ〜？」

確かに「始めたら半分だ」ということわざは、物理的には間違っている。だが、心理学的には決して間違いではない。どんなことでも、いったん始めさえすれば、その仕事をやり遂げる可能性はずっと高くなるからだ。

意欲がわかないことに手を付けるもっともよい戦略は、まず小さなところから始めてみることだ。コピーライターのひすいこたろうは著書『3秒でハッピーになる名言セラピー』で、70代で歩いてアメリカ大陸を横断したおばあちゃんの話を紹介している。

「最初から大陸を横断するつもりはまったくありませんでした。考えてみれば、だからそんなことができたんだと思います」

ある日、そのおばあちゃんは孫からスニーカーをプレゼントされた。うれしさのあま

り、そのスニーカーを履いて、他の州に住む友達に会いに行った。その友達に会って「今度は向こうの州にも行ってみよう。ひざが痛くなったらタクシーに乗って帰ってくればいいいし」――これがアメリカ大陸横断のスタートだった。

このおばあちゃんのケースは、意欲がわかず、手を付けるより前にあきらめてしまうわたしたちに、素晴らしい教訓を与えてくれる。

物書きにとって、「作家の壁（Writer's Block）」というものがある。文章を書くと決めて机に向かっても、頭の中に壁が巡らされたように思考が広がらず、まったく文章が書けない状況のことだ。それは文章を書く能力がないというより、ちゃんとした文章、感動を与える文章を書けないのではないかという作家自身の恐れのせいである場合が多い。

壁を取り除くためのもっともよい方法はいったい何だろうか。小説家のアン・ラモット（Anne Lamott）はこうアドバイスしている。

「文章を書きたければ、とにかくパソコンのキーボードをたたけ」

でたらめな文章ができあがるかも知れないが、それはまったく問題にならない。なぜならどんな文章になるかを考えずに、思いつくままキーを打っていれば、いつか自然に本当に書きたかったことが書けるからだ。

考えようによっては、人間は誰もが人生という作品の作家だ。わたしたちの人生はそれぞれ自分だけのストーリーだ。ところが、誰もが作家のように「作家の壁」に邪魔されて、書きたい人生の最初の1行を書けないでいることが多い。

とうてい仕事を始める気分になれない。誰でもそんな日がある。ある仕事がとてもできそうにない気がしたら、まず簡単なことから始めて、失敗してもいいと気楽に考えてみよう。できない言い訳ばかりを探さずに、すべき理由を探そう。そして、その仕事と関係のある、簡単で小さな仕事をひとつ、いますぐに始めよう。**不思議なことに、いったん始めさえすれば、そこからは楽に進むことが多い。**

すべきことを先延ばしにしている人たちは、こうつぶやく。

「そんな気分じゃなくて」「気乗りしないから」「まだ気持ちの準備ができていなくて」

そこにはこんな共通点がある。「意欲がわかない」を理由にしているということだ。

だが、生物学的に見れば、そうした考えは間違っている。

実際は、意欲がなくて始められないのではなく、始めないから意欲がわかないのだ。

食欲がないと思っていても、一口でも食べれば食欲がわき、散歩が嫌いな人でも、いったん外に出れば外出してよかったと思うものだ。体が重くて起きたくないときでも、さっさと起き上がって体を動かせば、さっきまでのことなど忘れたように日常生活が可能になるという事実を、わたしたちもよく知っている。意欲があろうがあるまいが、あることを始めれば、人間の脳の側坐核《そくざかく》という部分が興奮を始め、次第にそのことに没頭できるよう意欲をつくり出してくれるのだ。

人間の体と心は、エンジンがかかると自動的に動き出す機械のように、いったん始めさえすれば、それがきっかけとなって嫌いなことをしている場合であっても動き続ける。

精神医学者のエミール・クレペリン（Emil Kraepelin）はこうした精神現象を「作業興奮（Work Excitement）」と呼んだ。この理論によれば、人間の脳は体がいったん動き始めると止まるにもエネルギーを消耗するため、していることを続けるのがより合理的だと判断するのだという。だから、やりたくないことでもいったん進み始めれば、脳が刺激を受け、たちまちそのことに集中するようになるのだ。したがって、「始めたら半分だ」ということわざは心理学的に実に正しい言葉だといえる。

手紙を書くことになったら、まずは机の前に座り、とにかく「この間、お元気でしたか？」と最初の1行を書けばよい。そうやってエンジンをかければ、脳が自動的にあなたに書くべき内容を教えてくれる。起きなければならなくなったら、起きる気分かどうかを考えずに、ぱっと起きてみよう。いったん起きれば、うまく起きられたと思えるはずだ。

やるべきことがあれば、意欲がなくてもぐずぐず先延ばしにせずに、さっさと始めてみよう。いつの間にか仕事に没頭している自分を発見するだろう。

作曲家のストラビンスキーはこう言っている。

「食べ物を口に入れれば食欲がわくように、作業をしてみればインスピレーションがわくものだ」

馬を水辺に連れていきさえすれば、いつかは水を飲む

「馬を水辺に連れていくことはできるが、水を飲ませることはできない」ということわざがあるが、この言葉については、心理学的に見ると間違っている。

のどが渇いていない馬でも、水辺に連れていくといつかは水を飲む。のどが渇いて飲むこともあるし、退屈で飲むこともあり、他の馬が飲むのにつられて飲むこともある。この場合、「水辺にいるという事実自体が馬に水を飲ませるモメンタムを提供した」という表現を使う。

「モメンタム（Momentum）」という英語には「運動量、勢い、はずみ、契機」という意味があるが、たとえば株式の世界では、政府の政策などで取引高が急に増えたときの

ように変化が起こることを「モメンタムが生じた」という。心理学では行動の変化を起こすきっかけをモメンタムといい、これを活用した行動修正の方法を「行動モメンタム技法（Behavioral Momentum Technique）」という。

だから、勉強がよくできるようになりたければ、遊ぶにしても学校に行って遊ぶべきだ。本をたくさん読むには、堅く難しい古典から挑戦するのではなく、「ああ！　そうか」とひざを打ちながら読める実用書や面白い小説から読み始めるのがよい。家を建てたければ、まずは住宅財形貯蓄から始めるべきだ。行動モメンタム技法は、部屋の掃除から勉強、運動、資産運用、人間関係の改善にいたるまで、あなたの生活のすべての分野に応用することができる。

「教授、ダイエットをしようと決心して自転車型のトレーニング器を買いました。最初の数日は1時間ずつ汗を流してペダルをこぎました。ところが何日かすると、トレーニング器が拷問台のように思えてきて、部屋の片隅に片づけてしまいました。

そんなある日、行動モメンタム技法のことを思い出し、テレビを見るときにはトレーニング器のサドルに座ることにしました。『60分ペダルをこぐ』のではなく、『ただサドルに座ってテレビを見よう』と決めたのです。

すると、自然とペダルを踏むようになり、気づけば1時間以上も続くようになりました。モメンタム技法の効果には本当に驚きました。最近は毎日1時間以上トレーニングをしていますが、不思議と嫌にもならず、時間もあっという間に過ぎます」

わたしの受講生のひとりが伝えてくれた実際の経験談だ。毎日1時間もペダルをこいで汗を流すのは、想像するだけでもうんざりする。だが、サドルに座ってテレビを見るのは楽しい。トレーニング器に乗ってテレビを見ていれば、自然とペダルを踏むようになる。

大掃除をしようと思うと、それだけでやる気がうせる。こういうときはシンクを「5分だけ」片づけようと気楽に考えよう。思ったよりずっと早くきれいになるだろう。シンクの掃除から始めれば、続けてリビングと浴室も片づくだろう。

このように、とりあえず始めてしまえば驚くようなことが起きる。**すべての変化は、自然と動く自己推進力（Self-Propelling Power）を持っており、ごく小さな変化が次の変化を呼ぶ。**夢を実現するための最初の行動として、いますぐ実行できる最小単位のことを探してみよう。

〈行動モメンタム技法の3つのステップ〉

●ステップ1：目標に関係することを、難しさの程度に従って順序づける。

●ステップ2：嫌になったらいつでもやめると考えながら、いちばん簡単なことから始める。

●ステップ3：ある瞬間、意外に多くのことを成し遂げた自分の姿を確認して驚く。

「成功スパイラル」のスイッチをONにする

習慣を変えることは、最初はとても難しい。だが、ひとつの習慣を変えれば、次の習慣は次第に変えることが簡単になる。だからダイエットに成功すれば、禁煙に成功する可能性も高まり、たばこをやめれば貯金が増える可能性も高まる。

事実、欧米の人々を対象にしたさまざまな研究結果を見れば、「体重コントロール」と「所得水準」に非常に密接な関係があることがわかる。ひとつの成功は、人間の頭に「〜ができたなら〜もできる」という考えを植え付け、さらなる成功を呼ぶからだ。

山の頂上の岩も最初は動かすのが難しいが、一度動き始めれば自己推進力が生まれて、だんだん速いスピードで転がり出す。同様に、行動の変化も最初は難しいが、一度変化が生まれれば、学習効果によって自己推進力が生まれ、ますます簡単に変化できるようになる。大きな山を動かそうとすれば、まず小さな石を運ぶことから始めなければならないように、習慣を変えるときも、小さなことから始めるのがよいのだ。

どんなことでも長く続けてこそ成果が生まれる。長続きを望むなら、最初からあまり欲張ってはならない。運動を長続きさせたければ、目標をあまり高く設定せず、決心を少しでも実行したら目標達成とみなすのがよい。たとえば家計簿を付けようとするなら、「もやしの値段まできっちりと記録する」という完璧なレベルを目指してはいけない。多少の誤差には目をつむり、毎日書かなくてもいいと思って始めることだ。そうすれば、小さな成功があなたのスイッチを入れ、長続きさせてくれる。

「1冊読もう」ではなく「1行読もう」

次に紹介するのは、負担となる目標を「小さな単位」に分割して始めることで成功したよい例だ。

「覚えていらっしゃいますか？　子どもに童話の本を毎日1冊ずつ読んでやろうとした

のですが、あまりに大変だと言うと、教授は目標を『1行読んでやること』に変えてみろとおっしゃいました。

そこで目標を本に限らずに、スーパーに行くときはチラシの文章を、散歩するときは通り道の看板や横断幕を読んでやりました。負担がないので実行がずっと楽で、子どもも喜びます。いまでは子どもが看板の文字をすらすらと読んでいます。教授のおかげで、帰宅後に子どもと過ごす時間が楽しくなりました。

『小さなことから始めなさい！』という教授の言葉は、わたしにとって本当に大きな答えでした」


酒をやめた人たちの自助グループである断酒会の最初の行動方針は、「死ぬまで酒を口にするな！」ではない。「今日一日だけ（Just for Today!）」だ。永遠に酒を断たなければならないとなると、禁酒を始める前にあきらめてしまうかも知れないからだ。

目標は大きく持っても、小さな単位から始めよう。それが成功したら、次の単位に移ろう。ヘンリー・フォード（Henry Ford）はこう言っている。

「小さな仕事に分ければ、どんなことでも別に難しくはない」と。

あらゆる偉大な成功にも、最初の小さな一歩がある。あなたの夢は何だろうか？　いますぐ始められる小さな一歩は何だろうか?
大きく考え、小さく始めよう。Think Big! Act Small!

point

❶ やりかけて途中であきらめたことを探し、その理由を考えてみよう。

❷ その決心に関係して、もっとも実行しやすい小さなことを探して、リストアップしよう。

❸ 夢を現実にしてくれるモメンタム(きっかけ)になりそうな、単純でやさしいことをひとつ探して、すぐに実行しよう。

one more

レインボーブリッジはどうやって架けられたか

アメリカとカナダの国境にあるナイアガラの滝。「雷鳴」という意味の名前を持つこの滝は、世界の観光客がもっとも多く訪れる絶景地のひとつだ。この滝の魅力のひとつは、レインボーブリッジだ。

244メートルもある険しい峡谷にどうやって橋を架けたのかと驚かされてしまうが、その方法は意外に簡単だ。1847年、つり橋の設計施工専門家であるチャールズ・エレット・ジュニア（Charles Ellet Jr.）は、まずたこを揚げて、その紐《ひも》で峡谷の両側を結んだ。そしてたこ紐にコイルを結んで引っ張り、次は細いコイルに少し強い針金を、その次は針金にロープを結びつけて引っ張った。最後にロープに鋼鉄のケーブルを結びつけて引っ張った。こうして張られたケーブルを利用してつり橋を架け始め、ついに望んでいたレインボーブリッジがナイアガラの滝のすぐ下流に完成した。

険しい峡谷の上につくられた雄大な橋も、たこを飛ばすという小さなことから始まったように、すべての偉大な成功には、必ず最初に小さな始まりがある。

現在いる場所から望みの場所へと渡るための、あなただけのレインボーブリッジは何だろうか？

あなたがいま飛ばすべきたこ、いますぐ実行できる小さなことは何だろうか？

09

「ふたつの締め切り」をつくりなさい

↓「開始デッドライン」を設定しよう

先延ばしの神の手から逃れたい20代OL

「英語の問題を前にすると、わたしはなぜ小さくなってしまうのでしょう。目標の半分もできないままTOEICの問題集を閉じます。『あ〜あ、今日は気分が乗らないなあ』と。そしてある〝神様〟がやってきます。すると、プレゼンテーションの準備も延ばし延ばしにして、締め切りの前日に徹夜します。

なぜこんなに始めるのが難しいのでしょう。『明日の朝からは運動をしよう』と決めても、明日になると『やっぱり明日からやろう』と言って、先に延ばしてしまいます。今日もまたその神様が来ます。

教授、わたしはこのように〝先延ばしの神〟の娘、〝土壇場姫〟なのです。何とか自分を変えたいのです。たちの悪いこの病気を治せないでしょうか」

〝先延ばしの神〟は誰の元にでもやってくる

年の初めになると、誰でもいろいろな計画を立てる。ところが、そのうちの相当数は始めることもしないまま、わたしたちの記憶の中から消えてしまう。始めてはみたものの完成できずにうやむやになることも多い。

ある会社で200人の社員を対象に、三日坊主の原因についてアンケートをとった。その結果、回答者の43%が「明日からすればいいだろう」と実行を遅らせることだと答え、〝先延ばしの神〟の誘惑を三日坊主の原因の1位に挙げた。

子どもたちは夏休みの宿題をいつやるだろうか。そう、ご存じの通り、新学期を目前にして、最後の数日間に追われるようにやる。大学生はいつから試験勉強を始めるだろうか。試験日の前夜になってから始める。

このように、これ以上延ばせないときまで先延ばしにしておいて足下に火が付いてから一夜漬けする、学生たちの間にはびこる病気を「学生シンドローム(Student Syndrome)」という。

では、教授たちはどうだろうか。余裕をもって計画的に論文を書き進めるのだろうか。

いいや。彼らもまた、締め切りに合わせて研究論文を提出する。ビジネスマンも同様だ。プレゼンテーションを準備するビジネスマンには、**なぜか常に「あと1日」足りない。**準備期間が長かろうが短かろうが、十中八九、プレゼンテーションの前日には徹夜することになる。主婦はどうだろうか。主婦もまた、毎日銀行の前を通り過ぎながらも、公共料金の支払いは締め切り日になるため、月末になると銀行の窓口は常に混み合っている。

このように、わたしたちの多くが締め切り直前に行動を起こすのは、仕事の内容と関係なく共通して観察される現象だ。人々は仕事をするときいくら十分な時間があっても、与えられた時間を残すことはない。仕事が終わるのは、常に終えるべき時間になってからだ。

締め切りに人生をコントロールされる人の特徴

いつも大騒ぎして忙しく暮らしていながら、大して得るもののない人は多い。一方、余裕をもって静かに仕事をしながらも、充実した生活をしている人もいる。よく見れば、彼らには小さな違いがある。

前者は他人が決めた締め切りに従って動き、足下に火が付いてから焦って飛び回る。彼らは常にやや遅れて、準備が不十分な状態で動くため、絶えず生きることに忙しい。反面、**後者は他人から与えられた締め切りを自分が設定した締め切りに置き換えるという、能動的な習慣を持っている。**いつも他人より先に動き、少し早く到着する。彼らは締め切りを調節して、自分の人生をコントロールする。**自分で締め切りを調節できなければ、結局は締め切りが自分の人生をコントロールすることになる**からだ。

重要な仕事を先延ばしにするのは、失敗した人の共通点だ。明日の仕事を今日のうちにすませることは、成功した人たちの特徴だ。

ある調査によると、出世しない非効率的な人たちは、先延ばしにする言い訳をたくさん持っている一方、出世した成功者たちは、仕事を遅らせないための自分だけの戦略を持っているという結果が出た。

いつも締め切り前に忙しく、いつも時間が足りず、いつも大変な思いで生きている人たちは、次の3つのような行動パターンを持っている。

ひとつ目に、いつも動き始めの腰が重い。彼らが持っている理由は、実にさまざまだ。やりたくないので、始める気が起こらなくて、切羽詰まった方が仕事がうまくできると思って、まだ時間があるから、などと理由をつけて、すぐに先延ばしにする。

ふたつ目に、最後まで仕上げることができない。彼らの多くは注意が散漫だったり、完璧主義の傾向があったりして、何とか始めたことでも最後まで仕上げることができない。

3つ目は最悪のケースで、始めることもできず、仕上げることもできない。

「開始デッドライン」の驚くべき効果

ところが、忙しいと悲鳴を上げたり、仕事でアップアップしたりするわけではないのに、他人よりも多くの成果を出している人がいる。彼らには、忙しそうにしている失敗した人たちとは違う、いくつかの特徴がある。

まず、失敗した人たちがやりたがらないことを、嫌がらずにする習慣を持っている。彼らもまた、やりたくない仕事を後回しにしたり、意欲がわかない仕事に恐れを感じたりするが、やりたくないという気持ちを強い目的意識によって克服する。彼らはやるべき仕事があれば、何とかしてそこによい点を見つけ出し、すぐに手を付けられる小さな仕事をつくり出す。

また、**実行力に優れた人の心の中には、実は「ふたつの締め切り」がある。**仕事をいつまでに終わらせるという「終了デッドライン（Ending Deadline）」だけでなく、仕事をいつから始めるかという「開始デッドライン（Starting Deadline）」を持っているのだ。

先延ばしの神に取りつかれそうになったら、「締め切りのお守り札」を2枚差し出そう。先延ばしの神はびっくりして退散するだろう。創業の準備のように大きな仕事をするときだけでなく、メールを書いたり電話をしたりするときのように、日常の小さな仕事にもふたつの締め切りを決めておこう。

始めるのが遅くなってしまうときは、開始デッドラインを決めて、その時間の前に始める習慣をつくることだ。仕上げが遅れるときは、終了デッドラインの前に仕事を終わらせる習慣を持つ。

部屋の掃除のように小さなことをするときも、終了デッドラインと開始デッドラインを決めれば、ずっと楽に始めることができるようになる。てきぱきした自分の仕事ぶりに驚き、思ったより仕事が早く終わるのを見て感動することだろう。

締め切りこそがあなたを緊張させ、必死にさせる

締め切りが持つ力の秘密は何だろうか。もともと「デッドライン（Deadline）」とは、越えてはならない線、囚人が越えたら射殺される死線を意味するが、新聞や雑誌の原稿の締め切り時間として、より多く使われる。

特に、毎日決まった時間に新聞を発行しなければならない新聞社ほど、締め切りを守るところもないだろう。編集局には、締め切り10分前までとても完成しそうになかったような記事が、いざ締め切り時間を迎えると、ちゃんと次々に入ってくる。どんなに素晴らしい記事でも、その時間を過ぎたら最後、ニュースとしての生命が終わるからだ。これが締め切りの威力だ。

締め切りは、その時間が過ぎたら何の意味もなくなるため、人を緊張させ、必死にさせる。だから、いろいろな仕事に締め切りを決めておけば、人間の脳は時間までに仕事を終わらせるためにエンドルフィンを分泌し、エネルギーを集中させ、筋肉を緊張させて、ひとつのことに没頭させる。また、これまでに蓄えておいたあらゆる情報と知識を検索し、解決策の糸口を探し出そうとする。

誰の命にも終着駅があるように、どんな仕事にも締め切りがある。死を意識しながら生きる人が生に忠実であるように、締め切りを定めて生きる人の方が高い成果を上げるのは当然のことなのだ。終わりを考えるときほど、人間は恐ろしい力を示す。

「家が火事になったらどうするか」と聞かれたら、あなたはどう答えるだろうか。おそらく、目を丸くしながら、「そうですね、ちょっと考えてみます……」と、言葉尻を濁すかも知れない。だが、本当に火事になったら？——ただちに家から飛び出すだろう。

極端に言ってしまえば、**締め切りとは、家が火事になったのと同じことだ。**いますぐ実行したいことがあるなら締め切りを決め、火を付けなければならない。ある仕事をするとき、これ以上考えている時間がないことをはっきり悟れば、仕事に対する態度がガラリと変わる。したがって、道草を防ごうとするなら、どんな仕事であれ、必ず締め切りを決めるべきだ。

コマーシャル音楽を作曲するスティーブ・カルメン（Steve Karmen）も、次のように語っている。

「人間をもっとも奮い立たせるのは締め切りだ」

マーケティングの世界でも、締め切り戦略は非常に強力な効果を発揮する。テレビのホームショッピングやディスカウントショップで、「いまから10分だけ、１００人の方に差し上げるチャンス！」と叫べば、それまで関心を見せなかった人たちが目の色を変えて飛びついてくる。締め切りを過ぎたら絶好のチャンスを失うと思うからだ。

締め切り時間はあなたが道草を食うのを防止し、必要なエネルギーをひとつのことに集中させ、仕事を迅速に終わらせるよう手助けしてくれる。だから目標が「いつかやる」という障害物につまずかないようにするには、締め切りを定める習慣を身につけよう。締め切りがない決心は、引き金がない銃と同じだ。

やる気が出なかったり、強いプレッシャーを感じたりするときに使えるもっとも効果的な戦略としては、先のふたつのデッドラインからさらに「中間締め切り」を決めるといい。中間締め切りとは、最終目標を小さく分けて、終了デッドラインから逆算し、いくつかの段階の締め切りをつくることだ。

この戦略は、あなたをプレッシャーから救い出し、旅支度をするようなことから本を書くことまで、多くの活動に活用することができる。明日すぐに本を出版することはできないが、今日すぐに文章講座に登録することはできる。大きな目標を小さく分けて、すぐできることをひとつ探してみよう。小さなことを始めれば、大きなこともできる。

報告書の提出締め切りまで1か月あるとしよう。最初の1、2週はそれほど進展はないだろう。時間が流れても頭がこんがらがるだけで、仕事は進まない。ところが足下に火が付くと、あわてて行動に移る。まるでその様子が目に浮かぶようだ。

　こんなふうに1か月を戦々恐々としながら過ごしたくなければ、自分だけの締め切りを決めておこう。1か月以内に書かなくてはならない報告書があるなら3週間で終えよう。出勤時間が9時なら、8時30分までに会社に行こう。明日でよいメールの返事も、今日のうちに書いて送ろう。

人は締め切りに合わせて仕事を始める

「週末までにレポートを出してください」と言うと、学生たちはこう愚痴を言う。

「教授、駄目です。時間が少なすぎます」

だが、わたしの経験によれば、準備期間が1週間だろうが1か月だろうが、期限以内にレポートを出す学生の数はあまり変わらない。レポートの質にもほとんど違いがない。どうしてこんな現象が起こるのだろうか。

　それは、人は時間があるから仕事をするのではなく、締め切りに合わせて仕事を始めるからだ。

　一般的に言うと、人間は時間に余裕があると無駄に仕事を膨らませて、与えられた時間を残らず使い、ぎりぎりになって仕事を終える傾向がある。こうした現象をイギリスの歴史学者であり社会生態学者、経済学者であるノースコート・パーキンソン（Northcote Parkinson）が初めて体系的に明らかにしたことから、「パーキンソンの法則（Parkinson's Law）」という。

パーキンソンの法則が教えるひとつの教訓は、計画を立てる際には目標達成までに必要な時間を十分にとるよりも、多少短めにとる方がより効果的だということだ。多くの人が、成果を上げたければ時間をより多く投資すべきだと考える。ところが、**時間がないから成果を上げられないのではなく、時間がありすぎるから成果を出せないことの方がずっと多い**のだ。

もし1時間以内に1冊の本を読まないといけないとしたら、どうしたらいいだろう。正解はひとつしかない。「1時間以内に読むこと」だ。わたしの場合も、暇なときより忙しいときの方が本をたくさん読める。だから買った本が読めないままになっているとき、わたしはよくこんな戦略をとる。

「講義の準備時間が1時間しかないが、講義で必ずこの本の内容を紹介しなくてはならない」

こう考えれば、どんな本でも1時間以内に読むことができる。もちろん全ページを読めるわけではないが、とにかくわたしは1時間以内にその本を読む。
どんな状況であれ、すべてのことを全部やれる時間はない。だが、どんな場合でも、必ずやるべきことをやる時間はある。暗闇に入った人間の瞳孔が開くように、忙しくて差し迫ったとき、脳の情報吸収力は瞬間的に拡大する。

トリンプ・インターナショナル・ジャパンの社長を務めた吉越浩一郎は、仕事の成果を高めるために午後6時20分になるとオフィスの電気をすべて消してしまうことで有名だった。時間に余裕があれば、かえって能率が落ちると固く信じていたからだ。これを見習って、成果を上げようとするなら、締め切りを前倒しにして、意図的に仕事に割ける時間を減らすべきだ。

しかし、いつも延び延びになるからといって、あまりに自分を責めてはいけない。それが人間の本性でもあるからだ。いつもぎりぎりになって一夜漬けをしてきたからといって、自分に怠け者のレッテルを貼るのはやめよう。これまではやむを得ずパーキンソンの法則に従ってきただけのことだ。

締め切りを最大限に活用する3つの大原則

あなたは本書を読んで先延ばしの神の撃退法を知ったのだから、いまから締め切りの効果をきちんと活用すればよい。締め切りを再設定することで人生に変化を与えたければ、次のようないくつかの点に注意しよう。

第1に、**小さなことからひとつずつ練習しよう。**あまり大きな計画を立てるより、小さなことから始めるといい。「また今度会おう」ではなく、「来週の月曜日に連絡するよ」と言う。「部屋の片づけでもしようか」と考えずに、「30分以内に片づけを終わらせよう」と決心する。長電話のせいで重要な仕事ができないなら、電話する前に「10分以内に話を終わらせよう」と締め切りを決める。

第2に、**はっきりと定義しよう。**終了デッドラインと開始デッドラインを決めるときは、具体的な時間と場所の設定が欠かせない。指導学生のひとりが「論文のテーマを決めて、来週くらいにお邪魔します」と言った。もうひとりの学生はこう言った。「先生、今週の金曜日午後6時に研究室にお邪魔してもいいですか?」ふたりの学生のうち、どちらが決心を実行する可能性が高いだろうか。答えは言うまでもない。

第3に、**重要な仕事をするときは締め切りを公開しよう。**エジソンはしばしば、何をいつまでに発明する、と締め切りを公開した。心の中で決心したときよりも公開宣言をした方が、決心を撤回するのが難しいという事実を、早くから心得ていたからだ。公開の対象が体面を守らねばならない人であったり、その数が多ければ多いほど、公開宣言の効果は高い。

「締め切りについて学んで以来、多くの変化がありました。たとえばTOEICの問題集を毎日1ページずつやる決心をしましたが、一日中先延ばしにして、寝る頃になってやっと、『ああ、英語の勉強をしなくちゃならないのに……』と自責の念を抱くことがよくありました。ところが最近は、計画通りに実行しています。問題集を毎日1ページずつ解いたり、聖書を2ページずつ読むとかいった、なかなか始められない決心は、開始デッドラインを決めてその前に始める練習をしました。忘れてしまうこともあるので、送信予約サービスを使って自分の携帯電話に『○○君、~をする時間だ』というメールを送っておき、先延ばしにすることがないようにしています。図面作業のように手がかかって仕上げが難しい仕事は、ストップウォッチを使って終了デッドラインまでに終える練習をしています。小さなことですが、こうしてひとつずつ実行してみると、大きな変化が起こりました。暮らしに活気が満ち、なんだか何でもできるような自信がわいてきました。締め切りを設定して得られた重要な変化は、脇道にそれることがかなり減ったことです」

わたしと何度かメールのやり取りをしたことのある30代読者からのメールだ。「失業者が過労死する」という言葉もあるが、時間があればそれだけつまらない仕事も増える。そのために、重要なことが後回しになりがちだ。したがって、やるべきことがあれば、必ず締め切りを決めておいて、つまらない道草をしないようにすべきである。道草防止のために、ふだんから締め切りを決めて仕事をする習慣を身につけよう。

小さな仕事でも自分なりの締め切りを設定して、ひとつずつ実行すると、どんなことが起こるだろうか。ストレスを減らすことができ、自分のために使える時間をより多く確保できる。また、他人からのプレッシャーに振り回されず、より豊かな人生を楽しむことができる。自信がつき、自分の人生をコントロールしている感覚も増大する。

〈締め切り再設定の3つのステップ〉

●ステップ1：終了デッドラインを再設定する――与えられた締め切りを前倒しし、あなただけの締め切りを設定する。
●ステップ2：中間デッドラインをつくる――最終目標を小さく分割し、それぞれの中間デッドラインを設定し、仕事のプレッシャーを減らす。
●ステップ3：開始デッドラインを定め、実践する――すぐに始められるような初歩的で小さな仕事を探し、開始デッドラインに合わせて実行する。

いつか始めようと考えながら、まだ始められずにいることは何だろうか？
それを実行に移す開始デッドラインはいつで、それを終わらせる終了デッドラインはいつだろうか？

point

❶ ふだん、ぐずぐずと先延ばしにして、時間通りに終えられないことを全部書き出してみよう。
❷ その中からひとつを選んで、時間通りに終えられない理由を考えよう。
❸ ❷を踏まえ開始デッドラインと終了デッドラインを決めてみよう。

one more

もし、あと5分しか生きられないとしたら……

「被告は犯罪的陰謀に加担し、ロシア正教会および最高権力に対する不遜な表現に満ちた書信と反政府文書を流布しようとした罪で銃殺刑に処する」

死刑宣告に続き、司祭の説教が終わると、最後に5分の時間が与えられた。28歳の若い死刑囚に与えられた最後の5分は、あまりにも短かった。この最後の5分をどう使うか。仲間の死刑囚たちに別れのあいさつをするのに2分、過ぎ去った人生を振り返るのに2分、残りの1分は自然の美しさと大地に感謝をささげることにした。

あふれる涙をこらえながら、仲間に別れのあいさつをするのに、すでに2分を使った。教会の屋根が明るい日差しを受けてまぶしく輝いていた。過ぎ去った歳月を大切に使わなかったことを、心から後悔した。兵士たちが小銃を構えて彼に狙いを定めた。ちょうどそのとき、1台の馬車が広場に走り込んできた。馬車を降りた侍従武官が減刑の知らせを読み上げた。「被告は4年間のシベリア流刑に処し、その後、兵士として兵役に就かねばならない」

その後、彼はことあるごとに刑場の5分間を思い浮かべながら、毎日を人生の最後の日だと考え、決して重要な仕事を先延ばしにしなかった。

そうして『罪と罰』『カラマーゾフの兄弟』『白夜』など、多くの大作を残した。そう、彼こそが、ロシアの大文豪ドストエフスキーだ。

あと5分しか生きられないとしたら、その5分間にあなたがぜひやりたいことは何だろうか?

10

人生は「実験」の連続だ

すべての行動は実験だと考えよう

名講師になる夢を見る30代の販売員

「家電品専門店で販売の仕事をしています。時々自己啓発の講義を聴きに行くうちに、わたしも名講師になりたいという夢を持つようになりました。

ところが、わたしは専門大学の経営学科しか出ておらず、年齢ももう35歳です。自己啓発の名講師の経歴を見ると、その多くはソウル大学などの名門大学や外国の経営大学院を出た人たちです。どうせかなわない夢なら、早くあきらめた方がいいでしょうか」

できない理由を並べる前に、実際にやってみたのか？

名講師の夢を持つ30代の販売員から、「自分の学歴では夢をかなえるのは難しそうだ」という内容のメールが送られてきた。そこで、わたしは次のような返事を出した。

「学歴のせいで、やりたいことができないとお考えなのですね。現代グループの創立者、鄭周永《チョンジュヨン》会長は小学校卒の学歴しかありませんでしたが、新しいプロジェクトを提案したときに、最高の学歴を持つ部下がさまざまな理由を述べて無謀な挑戦だと言って反対すると、こう言い返しました。『やってみたのか？』名講師になるためにいままで何を試みてきたのか、そしていま何を試みているのか、自分を振り返りながら自分にこう質問したらどうでしょうか。『やってみたのか？』と」

鄭会長の人物を知る人たちは、彼の実行力に驚き、優れた実験精神にさらに驚かされたという。

現代自動車を設立する前、鄭会長はフォード社との合弁会社をつくって自動車を生産したいと考えた。1966年4月、フォード社は韓国進出を狙ってソウルでマーケティング調査を行った後、アメリカに帰った。当時、現代グループは接触の対象にすらならなかった。

この事実を後で知った鄭会長は、ちょうど借款交渉のためアメリカに滞在していた弟の鄭仁永《チョンインヨン》に電話をして、ただちにフォードと自動車組立技術契約を結べと言った。「そんなこと、すぐには無理ですよ」と鄭仁永は面食らった。すると鄭会長は受話器に向かって叫んだ。「やってみたのか？」と。結局、鄭会長はその年の12月、現代自動車を設立して、フォードと技術契約を結んだ。

鄭会長の実験精神が最高に輝いたのは、瑞山《ソサン》干拓事業で見せた、いわゆる「鄭周永工法」だ。総延長6・4キロメートルの防潮堤工事において、最後に残った270メートルの止水壁は難問中の難問だった。自動車ほどもある岩も、あっという間に流されるほどの恐ろしい急流だった。このとき鄭会長の頭に浮かんだのは、くず鉄にするため蔚山《ウルサン》の港に停泊させておいた23万トン級の廃タンカーを使うことだった。廃タンカーのタンクの中に海水を入れて沈め、水の流れをふさいだ後、重機を動員して岩の固まりを放り込んだのだ。

工事は大成功だった。この工法で節約できた工費だけでも290億ウォン〔約25億円〕に達し、使用した廃タンカーはくず鉄として再利用された。史上初のこの工法は『ニューズウィーク』誌や『タイム』誌に「タンカー工法」として紹介され、ロンドンのテムズ川上流のダム工事を請け負った世界的な鉄構造物会社であるレンデル・パルマー・アンド・トリトン社も見習ったほどだ。

鄭会長の話があまりに多くて飽きたという読者もいるかも知れない。だが、わたしが知る限り、彼ほど実験精神の威力をはっきりと体現している人物はいない。

白熱電球を発明したことで有名なエジソンは、ふだん消化不良の持病で苦しんでいた。1885年7月13日、彼はエジソン電気会社に向かう電車を途中で降りて、会社まで歩いていった。そしてその日、日記に「消化不良の苦痛を和らげることができるかと思い、オフィスまで3キロメートル歩く実験をした」と記した。このエピソードから、彼がどんな点で人より優れているかがわかる。

エジソンは自分の行動を「実験」だと定義した。彼はどんなにささいな問題であっても、その解決策を求めるために意図的で意識的な努力をしたなら、それを実験だと考えた。問題の大小にかかわらず、彼はそれを頭痛の種ではなく、実験の対象とみなした。彼にとって**失敗とは、仮説が間違っていたという事実を教えてくれ、新しい仮説が必要だということを悟らせてくれる、もうひとつの成功体験**だった。失敗を成功だと思うことができたからこそ、彼は発明王になれたのだ。

わたしたちもまた、鄭周永会長やエジソンのように、常に何かを実験しながら生きている。そして時々失敗する。だがそもそも、行動を実験と思える人はあまりいない。失敗をもうひとつの意味の成功と考える人もあまりいない。優れた人と平凡な人は、まさしくこの点に違いがある。

すべてが実験だと思えば人生は180度変わる

エジソンがふつうの人と違うのは、他の人が「経験（Experience）」と言うところを「実験（Experiment）」と考えた点だ。

呼び方が変われば考え方が変わり、考え方が変われば行動も変わる。経験と実験はどちらも「試み」「証明」を意味するラテン語「エクスペリエンシア（Experientia）」が語源だ。そして経験と実験にはどちらも「試行錯誤」という概念が含まれているため、実際、ふたつの言葉は同じ意味を持つ。

告白したい相手がいるのに、料金の払い戻しを受けたいのに、説得したい人がいるのに、「恥をかくのではないか」「言っても無駄だ」「あの人は駄目だ」と思えてしまうようなら、そのままあきらめるのではなく、その状況を実験だと考えよう。しっかり観察して、仮説を立ててみよう。解決策を導き出し、実験してみよう。断られるかも知れないとしても声をかけてみよう。

昔、恋愛の天才とあだ名された友人がいた。彼のことをうらやんで恋愛のコツを尋ねた友人たちに、彼がこう言った。「ただの実験だと考えればいいのさ。そうすればプレッシャーもないし、実際に失敗してみれば、何もしなければ学べなかったことがたくさん学べるよ」

わたしが知る中小企業の社長は、子どもとの折り合いが悪く、長く気に病んできた。ところが最近は、表情がずいぶん明るくなった。理由を聞いてみると、彼は笑顔でこう答えた。「もっと優しい父親になるため、あれこれ実験しています」

実験だと考えれば、ためらうことはない。1%の可能性もないこと、文字通り100%失敗するに決まっていることでも、その失敗を経験した人には残るものがあるからだ。

小さなことをするときでも、それを意識的に実験だと考え、失敗したときでも、ただ実験によって仮説が覆されただけだと思えば、あなたにいくつかの変化が起こるだろう。第1に、プレッシャーが減り、何か始める際のハードルが低くなる。第2に、途中で苦しくなったり失敗したりしても、ストレスをあまり受けずにすむ。第3に、解決策を探す能力が高まり、成果に結びつき、人生が楽しくなる。

日頃から実験精神を鍛えるには、どうすればいいだろうか。

まず、やりもせずに最初から駄目だろうと決めつけてはならない。不可能だと思ったら、あなたの頭はできない理由ばかりを考えるようになる。次に、好奇心を持って問題の状況を見つめながら、すべての試みを実験と考えるべきだ。そして、どんな問題にも必ず答えがあり、解決策はひとつではないという事実を信じるべきだ。可能だと信じればあなたの脳はどうにかして解決策を探し出してくれる。

あなたを非難し、妨害する人に会ったら、彼らのせいだと恨む代わりに、実験が必要な状況だと考えてこう自問しよう。

「今度はどんな実験をしてみようか？」

実験精神は科学者や起業家にのみ必要なものではない。仲直りしたいとき、英単語を覚えるとき、泣く子をなだめるときも、実験精神が必要だ。次に紹介するのはわたしの講義を聴いた聴衆のひとりがメールで送ってきた実験の内容だ。

「夜10時からのヨガのレッスンに通っているのですが、最近はサボり気味でした。そこで、どんなときによくサボるのか、自分が実験台になったつもりで観察してみました。

シャワーを浴びてパジャマに着替えた日は、ヨガに出かけるのが面倒になります。だから多少気になっても服を着替えず、シャワーも浴びないでおくことにしました。すると、自然と、早くヨガに行ってきてシャワーを浴びたい気分になりました。実験だと考えるようにしたら面白くなりました。夫婦の愛情表現をしたりケンカした後の仲直りをするときも、ただ『実験』だと思えばずっと簡単になります」

いちばんやりたくない仕事、いちばん恐れている仕事のほとんどは、あなたが絶対にやらなくてはならないことだ。人生の幸福と不幸、成功・失敗は、そのような仕事を進んでやれるかどうかにかかっている。その際にもっとも助けになるのが、まさに実験精神だ。

日常のパターンから抜け出し、これまでにない結果を呼ぶための方法のひとつは、定期的に「実験の日」を決め、日常の繰り返しのパターンを打ち破ることだ。わたしたちは毎日同じ時間に起き、同じルートで出勤し、いつもと同じ人と、似たような店で昼食をとる。また、同じルートで家に帰り、同じ時間にベッドに入る。

〈実験精神が優れている3つの理由〉

①失敗に対する恐れを和らげる：実験は失敗を当然と考える。もし失敗したとしても、それによって仮説の間違いをきちんと検証できる。したがって、失敗を恐れなくなる。

②創造性が高まる：実験とは、古い知識や理論を新しいものに置き換えることだ。だから実験精神を持てば固定観念が破られ、視野が広くなり、柔軟性と創造性が高まる。
③自分と現実をコントロールできる：実験とは、ある現象をよく観察し、さまざまな条件を人為的につくって仮説を検証するプロセスだ。そのため、自分と現実をうまくコントロールできる。

実験の日は、いつもやっている習慣から3つ選び、それぞれについていつもの習慣と違うことをやってみよう。ふだん朝起きると新聞を読み、帰宅するとテレビを見ているなら、その日は新聞を読まず、テレビを消そう。エレベーターの中で会った隣人に軽く会釈をし、目下の者にも自分からあいさつをしてみよう。

帰宅して毎日テレビを見ているなら、テレビを見る代わりにできることを考えて、そのうちのひとつを実験精神を持ってやってみよう。

たとえば次のようなことだ。

1 読書をする。
2 旅行の感想文を書く。

3 散歩する。
4 しばらく顔を見ていない友人に連絡する。
5 部屋の明かりを消し、クラシック音楽を聴く。
6 配偶者と居酒屋に行く。
7 子どもたちと楽しく遊ぶ。

これまでのパターンと違うことをすれば、いくつかの変化が起こる。生活スタイルがバラエティーに富み、考え方が変わる。惰性から抜け出して、選択の幅が広がり、活力がみなぎる。歩いたことのない道を歩けば、違った風景に出会い、聴いたことのない音楽を聴けば、違った感情を抱くようになる。したことのないことをすれば、違ったアイデアが浮かび、他の方法を探せば、違った結果を得られる。これまでとは違う結果を望むなら、違った考えを持ち、違った行動をしてみよう。

実験精神を発揮できるのは、エジソンや鄭周永会長のような科学者や起業家だけだと思ってはならない。カレンダーに目を向けよう。そして、いますぐ実験の日を決めよう。カレンダーの中にそんな特別な日が時々あれば、あなたの人生は前よりずっと豊かになるに違いない。

人生は常に実験の連続だ。
One Day, One Experiment!

point

❶ 変えたらよくなりそうなのに変えられない問題行動をいくつか探してみよう。

❷ そのうちひとつを選び、どうすればうまく変化を起こせるか仮説を立ててみよう。

❸ 実験してみるつもりで、変化が期待できる新しい方法を考えて、試みよう。

2時間で60ドル稼いだホームレスの話

レストランの入口の前に、ホームレスが看板を持って立っていた。

「わたしはホームレスです。助けてください」

そこを通りかかったひとりの男が、そのホームレスに2ドル札を手渡した。そして、看板の文句を書き替えて、あと2時間そこに立っていたら5ドルやると提案した。2時間たって食事を終えた男がホームレスに約束した通り5ドルを手渡した。ところがそのホームレスは金を受け取らず、逆に10ドル札を差し出すのだった。2時間で60ドルも稼いだというのだ。

男が書き替えてやった看板の文句には「飢えたことがありますか?」と書かれていた。男の名はパトリック・ランボワーゼ(Patrick Renvoisé)、マーケティングの専門家だった。


（パトリック・ランボワーゼ他『ニューロマーケティング』より）

ある物乞いが「わたしは目が見えない障がい者です」と書かれた札を首から提げて街頭に立っていた。だが、誰も彼に金を恵んでやろうとしなかった。

ひとりの男が近づき、物乞いの首にかかっていた札を裏返して、何かを書いて去っていった。足元に置かれた空き缶にはあっという間にコインがたまっていった。

札にはこう書かれていた。「春になりました。でも、わたしには春の姿を見ることができません」

文句を書き替えた男はフランスの詩人、アンドレ・ブルトン（André Breton）だった。

（ひすいこたろう『3秒でハッピーになる名言セラピー』より）

いまのあなたは誰かの助けを必要としているだろうか？

実験精神を発揮して他人があなたのことを助けたくなるような、あなただけの試みは何だろうか？

11

頼んだ人だけが助けてもらえる

「助けられ上手」になりなさい

プライドが高く助けを求めることが苦手だった大学4年の男子学生

「わたしは幼い頃から人一倍プライドが高い方でした。だから絶対に他人に助けを求めませんでした。そうすると簡単に解決できる問題でも、ひとりで頭を抱えることが多くなります。そこで教授のお話を聞いて思い切って頼み事をすることにしました。とても高い壁のように思えた名門大学の教授にメールを送ったのです。送ってから内心後悔しながら、毎日気が気でない思いで返事を待ちました。ところが、意外にもすぐに返信のメールが来ました。震える手でクリックしてみると、親切な答えとともに、サポートしてくれる大学院生まで紹介してくれていたのです。聞いてみるものですね。『助けを求められると、人は意外に喜ぶ』とおっしゃってくれなければ、きっとこんなことはできなかったでしょう」

「わからない」と言える人は愛される

地方の大学に通うある学生が、ソウルの某大学大学院に進学したいのだが、どうすればいいのかわからないと言って相談してきた。そこでわたしは彼に、指導を受けたい教授に丁重にメールを書き、助けを求めたらよいとアドバイスした。前の内容は、その学生が希望する大学の教授から返信メールを受け取り、それをわたしに知らせてきたメールの一部だ。

ところで、知らないのに教えてくれと頼めず、助けが必要なのに助けを求められない人も多い。なぜだろうか。それにはいくつかの理由がある。

ひとつは、知らないと言うとバカにされるかも知れないと思うからだ。特に男性は道がよくわからないときでも人に聞かない傾向がある。実際、イギリスの王立自動車協会(Royal Automobile Club)の調査結果によれば、男性は道を知らない場合、道を聞くまでに平均20分も我慢し、同乗の女性が「道を聞いてみたら」と小言を言ったときでさえ、10分以上も意地を張ることがわかった。最近のアメリカABC放送でも、イギリスの保険会社の統計を引いて、男性ドライバーがプライドのせいで道を聞かず、一年で平均444キロメートルも無駄に走っているという調査結果を報じていた。

何でも自分で解決しなくてはならないという考えが根深く染み付いている人であれば、他人に助けを求めるのは物乞いと同じだと思うかも知れない。だが、人は意外に「知らない」と言える人を、率直で慎み深く、正々堂々とした人だと考え、親近感を覚えるものだ。

世界的な大文豪、マーク・トウェインはこう言っている。「わたしはさっさと答えて人を喜ばせる才能がある。方法は簡単、ただ『わたしは知らない』と言うのだ」

知らなければ「知らない」と言ってみよう。もちろん、それは簡単ではないかも知れないが、そんなときはサマセット・モームの言葉も思い出してほしい。

「人生がほぼ終わりに近づいて初めて、わたしは『知りません!』と言うことがどんなに簡単なことかを悟った」

助けを求められないふたつ目の理由は、断られるかも知れないと思うからだ。だが、断られるのを恐れる必要はない。助言や手助けを求めるかどうかを決めるのが自分なら、助言や手助けを提供するかどうかは相手が決めることだ。そう考えて、相手の選択を尊重すればよい。

3つ目の理由は、自分の人生のイニシアチブ(主導権)を握る人は頼み事などしないと思うからだ。ある日、ひとりの学生がやけになって研究室を訪ねてきた。論文計画書の提出期限が迫っているのにテーマが決まらないと言うのだ。ベストを尽くしたのかとわたしが聞くと、その学生は消え入るような声でこう答えた。「最善を尽くしましたが、能力がなくて……」わたしは彼に「なぜわたしに助けを求めなかったのか」と尋ねてから、「最善を尽くすというのは、他人の助けを求めることまで含まれるのだ」と言って聞かせた。

イニシアチブのもっとも優雅なかたちは、他人の助けと教えを受けることも含む。あなたがもしこれまで他人の手助けなく生きてきたなら、それは本当にすごいことだが、これからはもう少し優雅にイニシアチブを発揮してもよいのではないだろうか。

他人の助けなしに豊かな人生を送る人はいない

人の相談に乗っていると、挫折して絶望する人に多く会うことになる。よく見ると、そうした人たちにはひとつの共通点がある。他人にうまくものを頼めないという点だ。

レストランの主人はなぜ、商売がうまくいかないと泣き言を言いながら、経営コンサルタントに相談したり、評判の店を訪ねていってコツを教えてくれと頼んだりできないのか。わたしは自分が行くレストランの主人から、客を連れてきてくれと頼みを受けたことが一度もない。100人に頼めば、新しい客をひとりくらいは連れてくるだろう。新しい客を連れていったときにちょっとしたサービスでもしてもらえれば、さらにもうひとりくらい連れていくだろう。

他人の助けなくして、どんな人でも豊かな人生を送ることはできない。望むものを手に入れられなかったとすれば、それは他人の助けをうまく得られなかったという意味だ。また、他人の助けを得られなかったのは、助けをうまく求められなかったという意味だ。実際、ダイエットをする人であれば、他人の助けを求める人はそうでない人の3倍は成功する可能性が高くなるという。

どこで何をしても、すべてうまくいく人がいる。そうした人たちは、就職にしても、教授の推薦状にしても、レストランの経営にしても、いつも望むものを人より効果的に手に入れる。彼らのコツのひとつは、うまく頼み事ができるという点だ。

知らないことを知らないと言い、助けが必要なときにうまく頼み事をすることが、人生においてなぜ、それほど重要なのか。それは、より多くのことを学ぶことができ、時間とエネルギーを無駄にしないですむからだ。**人生で近道を探すもっとも確実な方法は、先を歩いている人に道を尋ねること**である。

質問をしてこそ答えてもらうことができ、助けてくれと言ってこそ、手を貸してもらえる。だから手助けが必要なら、まず助けを求めよう。頼み事をするのは、アラジンの魔法のランプのように望みのものを手に入れる効果がある。だからこれを「アラジン効果（Aladdin Effect）」という。

必要なときに手助けを求めることを知っておくべき理由はいくつかある。

まず、知らないことを尋ねたり、助けを積極的に求める人は、そうできない人に比べて強い動機を持っている。動機が強ければ、どんなことをするときでも、望むものを手に入れる可能性が高い。

また、教えを請うことを知る人は謙遜することを知っており、他の人の協力を得られる可能性が高い。実際、傲慢な人はプライドが傷つくのを恐れて、人に頭を下げて助けを乞うことができない。

それから、どんなものでも見ようとしなくては見えないように、助けを求めなくては手を差し伸べてくれる人も見つからない。

助けを求めるのは、世の中に「実行したい」というシグナルを送るのと同じだ。尋ねないのは学びたくないということであり、助けを求めないのは切実に望んでいないのと同じだ。

昔、孔子は「憤《ふん》せずんば啓せず。非《ひ》せずんば発せず」と言った。奮発しなければ教えず、知りたくてたまらないのでなければ知らせない、という意味だ。こう思うのは何も孔子だけに限らないはずだ。

だから、もう一度言おう。教えを請うのに尻込みすることはない。助けを求めるのを恐れることはない。ライバルだと思っていた人を友人にすることもでき、気難しいと思っていた人を師にすることもできる。教えを請う人を憎らしく思う人はおらず、助言を求める人を嫌う人はいないものだ。人は自分を教えようとする人より、自分に教わろうとする人を好む。また、人は自分に忠告する人より、助言を求める人に好感を抱くものだ。

なぜなら、信じられない相手には助言を求めないものだし、尊敬しない相手からは学ぼうとしないからだ。嫌いな人には頼みたいことがあっても頼まないのが人情の常だ。だから、頼み事をするのは助けてもらう人だけでなく、助ける人にも喜びを与える。

心理学の父といわれるウィリアム・ジェームズ（William James）はこう言っている。「人間のもっとも根深い本性は、認められたいという欲求だ」と。

誰かを助け、喜びを感じたことがあるなら、他人にもそうした機会を提供するべきだ。**誰かに助けを求めたら、それは相手に自分が「価値のある存在」だと感じる機会を提供**

したことになる。結果的に、その人に親切と好意を施したことになるのだ。だから、ためらうことなくアラジンのランプの妖精「ジニー」を呼び出そう。21世紀のジニーは電話、メール、インターネット、ツイッターなど、さまざまな方法で呼び出すことができるのだから。

間違いなく、予想以上に多くの人が助けてくれる

死を前にして行った講義で全世界の数千万人を感動させたランディ・パウシュ(Randy Pausch)教授は、彼の著書『最後の授業』で、亡くなった父親と最後に行ったディズニーワールドのことを回顧しながら、望むものがあるなら勇気を出して頼んでみることを勧めている。

「4歳になる息子がモノレールの先頭に乗っていた運転手と一緒に座りたがりました。スリルを味わうのが好きな父もそうしたかったのですが、一般の乗客はそこに座ることができないことを知り、断念しました。そのとき、わたしがガイドに尋ねました。『すみません、わたしたち3人が先頭の車両に座れるようお願いしてもいいですか?』する

とガイドが言いました。『もちろんです、お客さま』」

どうせ駄目だろうと先回りしてやめてしまわないようにしよう。やってみもせずに、最初からあきらめるのはよそう。気にかかるなら、ただ聞いてみるだけでもいい。助けが必要なら、助けてくれと頼もう。もちろん、断られることもあり、挫折感を味わうこともある。だが、**勇気を出して聞いてみるだけでも、あなたは予想よりずっと多く「もちろんです！」という答えを聞くことができる**だろう。

このとき心に留めておかなければならないのは、「ただ心の中で考えただけでは何の意味もなく、表現しない善意は善意ではない」という事実だ。考えは適切に表現したときに、初めて相手に伝わるのだ。

頼む側ではなく、頼まれる側の立場に立って、助けたくなる理由、助けるべき理由を提供するうえで、含まれるべきポイントは3つある。

第1に、自分がどんな努力をしたのか知らせなくてはならない。「天は自ら助くる者を助く」という西洋の格言がある。また、「人事を尽くして天命を待つ」という東洋の格言がある。どちらも人間としてすべきことをしてこそ、天が助けてくれるという意味だ。

天だけではない。この世に、何の努力もせずに人の助けだけを望む人に、手を差し伸べてくれる人はいない。助けてもらいたい相手にあなたがしてきた努力と実践の過程を知らせて、手を貸してもらえれば希望があると確信させなくてはならない。助けを求めても反応がないなら、あなたはその相手に助けてやる価値のある人間だと確信させることに失敗したということだ。

第2に、頼み事をするときには、他人と同じ態度ではいけない。助言を求めながらも形ばかりだったり、他人と同じ方法で頼んだりする人は多い。助言や手助けを受けたければ、相手を心から尊重しながら、学ぼうとする態度と謙遜の姿勢を持ち、他人と違った方法で近づくべきだ。

態度の大きな人を助けようとする人はいない。他人とは違った手助けが欲しければ、他人とは違った頼み方をすべきだ。相手の反応がかんばしくなければ、まずは頼み事をする自分の態度に問題がないかを考えてみよう。

第3に、お返しをすることを約束し、フィードバックを提供すべきだ。ただ自分の頼み事だけをする人も多く、助けてもらってから便りのない人も多い。ある研究によれば、ただ頼み事をする場合に助けを得られる可能性は25%以下だという。ところが、お返しがあることをほのめかすと、その可能性は80%以上に跳ね上がる。どんな関係であれ、片方だけが利益を得る一方的な関係は長続きしない。

〈助けてあげたときに気持ちのいい人の3つの特徴〉

①助けを求める前にやってきた努力と実践のプロセスを知らせてくれる。
②心から尊重する気持ちと謙遜の姿勢を人一倍強く示す。
③お返しを約束し、助けに対するフィードバックを提供し、感謝の気持ちを表す。

助言や手助けを求めるとき、ドン・キホーテのようにむやみに声をかける人は多い。それが勇気だと錯覚しているからだ。ところが、それでは望みのものが得られず、結局は挫折感ばかりを味わうことになる。

助けてもらっておきながら、それを当たり前に思う人も多い。当然だと思ってお礼をすることを知らない人を、再び助けてやりたい人などいない。彼らには結局、「利己主義者」「たかり」などの否定的なレッテルが貼られることになる。代価を求めずに人助けをする人であっても、それを当然だと思う人を助けたいとは思わない。そんな人に手を差し伸べても、助けた甲斐《かい》や意味が感じられないからだ。

「頼み込む技術」が実行力を高める

何であれ他人と関係する部分で実行力を高めたいなら、適切に頼み込む技術が欠かせない。

たとえばクリスマス前に異性の友人をつくろうと固く覚悟を決めたとしても、デートの申し込みができなければ何も起こらない。円満な家庭をつくりたいのなら、必ず配偶者の協力を求めなければならない。いくら売上を伸ばしたくても、お客が買いたくなるような説得力がなくては目標を達成できない。他人とともに生きていくこの世界で、望むものを手に入れたければ、効果的にものを頼む方法を学ぶ必要がある。

知らないことを尋ねたり、助けを求めたりする相手は、自分より優れた人や目上の人だけではない。優れたリーダーシップを持つ上司は、部下の職員にアドバイスを求めることをためらわない。

幸せな夫婦は苦しいときに配偶者に助けを求めることを知っている。尊敬される教師や親も、目下の者に知らないことを知らないと言い、自然に助力を求める術《すべ》を知っている。子どもや学生の手助けをしたければ、彼らに助けを求めよう。夫婦ゲンカを減らして温かい家庭をつくりたければ、自分の意志を貫こうとせず、配偶者や子どもたちに協力を求めよう。

「お父さんにはお前の助けが必要なんだ」「お母さんのこと、手伝ってくれる？」などと、子どもたちに指示や命令をする代わりに頼み事をすれば、いくつものよい点がある。まず、拒否感を減らせるため、子どもたちを説得できる可能性が高まる。また、子どもたちに自分が尊重されていると感じさせ、自尊心を高める。そして結果的に子どもたちとの関係がよくなる。

自分を助けてくれる人がいなければ、その理由は次のふたつのうちのどちらかだ。ひとつは、助けを求めなかったからであり、もうひとつは助けを求める方法が適切でなかったからだ。

世の中のあらゆる困難を、ある人は簡単に解決してしまう。禁煙、ダイエット、金もうけ、幸せな家庭づくりなど、わたしたちがまだ解決できない問題を、すでに解決している人は必ずいる。だから**どんな問題であれ、それを解決できるもっとも効果的な方法は、自分より先に問題を解決した人を探して、その人に助けを乞うことだ。**

あなたにはどんな助けが必要だろうか？

そして助けてくれる人は誰だろうか？
助けてもらうために、あなたがいまからやるべきことは何だろうか？

point

❶ 誰かに尋ねたり助けを求めたりしなかったために、望むものを得られなかった経験をひとつ探してみよう。
❷ 助けを求めるために肝に銘じるべきことを、3つ考えてみよう。
❸ 誰かに助けてもらいたいことをひとつ挙げて、具体的にどんなふうに頼み、どうお返しをするか、計画を立ててすぐに実行に移そう。

one more

する親切よりも、される親切

ベンジャミン・フランクリンがペンシルバニア州議会に出馬したときのことだ。ある議員がライバル候補の応援演説でフランクリンを中傷した。だが、その議員が支持した候補は落選し、代わりにフランクリンが当選したため、ふたりの関係はさらに悪化していった。フランクリンは彼と仲直りしたかったが、相手によく思われるために卑屈にへりくだるつもりはなかった。

そんなある日、「人は親切にしてくれた人より、自分が親切にしてやった人のことを、より好きになる」ということわざが頭に浮かび、これを実行することにした。フランクリンはその議員に「非常に珍しい本をお持ちだとのうわさを聞きました。申し訳ありませんが、その本を何日か貸していただけますか」と丁重に願い出る手紙を送った。その議員はすぐにフランクリンに本を送ってきた。それから数日して、フランクリンは心のこもった感謝の手紙とともに本を返した。後日、議会で会ったその議員は、以前と違って自分から先に丁重に話しかけてきた。それ以降、ふたりは友人になり、彼らの友情は一生続いた。

いま、あなたが仲直りしたい人は誰だろうか？　その人に頼めることは何かないだろうか？

12

見られていないと人は動かない

「観察の力」を利用する

誰も見ていなければ思い切り遊びたい高校2年の女子学生

「クラスの標語を募集した結果、『お母さんが見ている』が選ばれました。これを提案した級友は、『授業中にふざけていても、この標語を見たら一生懸命に勉強するだろうから』と、その理由を説明しました。

家を離れてひとり暮らしをしているわたしは、母親と一緒に撮った写真を机に飾ってあります。ある日、友達が何人かわたしの部屋に遊びに来ました。友人のひとりが机の上の写真に気づき、それを裏返してこう言いました。『大丈夫、お母さんは出ていったよ。さあ、思い切り遊ぼう！』」

誰かに見られていることを意識すると行動は変わる

この高校生のケースからわかることは何だろうか。誰もいないときと、誰かに見られているとき、人の行動は完全に違うということだ。事実、見られていると思えるような状況では、犯罪発生率は大きく低下する。

ソウルの江南《カンナム》区庁は2004年に防犯カメラのテスト運用をした結果、5大犯罪が前年に比べて37%減り、強盗・窃盗事件は41%も減ったと発表した。また、防犯カメラを設置した2004年8月以降の3年間の犯罪発生件数は32・9%減少した。特に強盗事件は52・5%、窃盗は51・1%も減った。

誰かにそばで見られているときや、防犯カメラで行動を監視されていると思うときはもちろん、ただ人の形をしたロボットが近くにあるだけでも、人の行動は変わる。ハーバード大学の研究チームが、寄付箱の横に人の形のロボットを置いたときと置かないとき、寄付金の額がどう変わるかを比べたことがある。実験の結果、ロボットが横にあるときの方が、ないときより募金額が30%ほども多かった。

さらには、写真の中の目に見られていると思うだけでも、人の行動は変わる。

イギリスのニューキャッスル大学の研究チームは、大学校内に無人の販売店をつくり、コーヒーや牛乳などを販売した。無人のカウンターに置かれた代金箱に貼り付けたメニューに、最初の週は花の写真を貼り、次の週には人間の目の写真を貼った。週ごとの売上高を比べた結果、メニューに人の目の写真を貼った週は売上が2・76倍も多かった。

わたしの知り合いの教授は、ランの花を大切に育てているが、そのうち3鉢をマンションの廊下に出しておいたら消えてしまった。そこで彼は大きな紙に目を描き、まつげまできれいに描き込んで、その絵の下にこう書いた。

「お母さん！　お母さんが数十年育ててくれた鉢植えを、最近誰かが持っていってしまいます。でもお母さん、その人が花を大事にしてくれたらいいですね」

その日から鉢植えが消えることはなくなった。

なぜ、写真や絵の中の目が、人の行動に変化を与えるのだろう？　――人間の脳が写真の目を実物だと錯覚するためだ。誰かに見られているとき、人間は他人の目を意識する傾向があるが、これは人間の進化の過程で、顔と目が脳にとって強力なシグナルの意味を持つようになったからだ。そのため、絵の中の目、想像の中の目も、実際に誰かに見られているときと似たような効果を起こすのだ。

誰もいないと思って、決心を行動に移さないでいるなら、誰かの目を思い浮かべると

よい。想像の中の目は神の目かも知れないし、母親の目かも知れない。また、子どもの目かも知れない。自分の目でも構わない。

心理学者のリチャード・ワイズマン（Richard Wiseman）は実験によって、食事のときに目の前に鏡を置いておくと、健康に悪い食べ物を食べる量が32％も減ったという事実を確かめた。鏡に映った自分の姿を見ていると、自分の体と行動をより意識するようになり、健康によい食べ物を選ぶためだ。

誰の目であれ、その目があなたを見ていると思えば、あなたはより賢明な選択をすることができる。励まし支えてくれる、愛する人の目を思い浮かべてもよい。いまの自分を温かく見つめる未来の自分の目を想像してもよい。ただ鉛筆で目を描き、「〇〇が見ている」と書いて貼り付けただけでも、気持ちが引き締まり、力がわいてくるだろう。

観察し記録することで行動が変化する

家にひとりでいるより、フィットネスクラブに行く方が、ずっと運動をする気になる。見ている人が多いからだ。人は誰かに見られていると感じると真剣になる。小学校の授業参観の日には、先生だけでなく子どもたちまで授業態度が変わってくる。人の行動は自分自身が見ているときでも変わるものだ。

誰かが（自分も含めて）行動を観察したり記録したりするだけでも人の行動は変化するが、これを心理学では「反応性効果（Reactivity Effect）」という。そして**反応を導き出すために自分の行動を観察・記録して行動を修正する技法**を**「自己観察技法（Self-Monitoring Technique）」**という。

ある小学校で、先生がクラス委員に教室で騒ぐ子の名前を黒板に書かせた。その理由のひとつは、観察と記録が子どもたちの行動を変えるからだ。自己観察技法は時間管理、貯金、スポーツ、禁煙、禁酒、ダイエットなど、望ましい行動を増やして望ましくない行動を減らすために、広く活用することができる。ダイエットをする場合、食事の内容と運動量を細かく観察し記録した人は、そうしなかった人と比べて成功の可能性ははるかに高い。

自分を観察し記録すると、なぜ行動の変化が起きるのだろうか？

理由のひとつは、行動を観察すること自体が、その行動をよりよい方向へと変化させる傾向があるためだ。たとえば、お客さんが家に来ると、子どもたちへの親の話し方が変わるだろう。また、誰かがメモするのを見て、その姿を観察して文字を評価すると言うと、筆跡が変わるだろう。

ふたつ目の理由は、観察することで行動に影響を与える原因を突き止めて、自分をより効果的に管理することができるからだ。たとえば、時間のロスのかなりの部分がポータルサイトの検索から始まるということがわかれば、インターネットのスタートページを変更すべきだという情報が得られる。

3つ目に挙げられるのが、観察の結果がフィードバックやねぎらいとなる点である。たとえばダイエットをするとき、食事をとる時間と量や状況などを記録すれば、それ自体がフィードバックとなり、ねぎらいとなって、食べすぎを防ぐことができる。自分の行動を観察し、記録すれば、そのデータをもとにより有利な戦略を探し出せるのだ。また、問題が深刻になる前に、手を打つことができる。アポロ宇宙船が月面着陸に成功したのは、継続して監視を受けていたからだ。監視のおかげで、少しでも軌道をそれれば、即座に軌道修正することが可能だった。

有名な作家も、自分をコントロールする方法として、自分の行動を観察して記録する方法を使っている。たとえばアーネスト・ヘミングウェイは、原稿を書くという自分との約束を守るために、ガゼルの剝製の鼻の下に図表をぶら下げて、書いた原稿枚数を毎日記録した。そのおかげで予定より多めに作業した翌日には、海に行って釣りをして過ごしても気持ちがとがめることがなかった。アーヴィング・ウォーレスも、原稿を書くときに作業内容を記録する習慣を持っていたという。

わたし自身は、19歳で初めて本を書いたときから、作業を図表に記録し続けた。そこには、自分が各章を書き始めた日付、書き終えた日付と分量が記録されている。フリーランスの作家として雇い主がおらず、締め切り時間もなく、独立して働いていたため、自分自身をコントロールする規則が必要だった。壁の図表は、わたしを叱ったり励ましたりする規則として効果を発揮してくれた。

〈自己観察の3つのステップ〉

●ステップ1：誰かの目、または自分の目で、自分を観察しよう――自分の行動をしっかり見つめていれば、横道にそれることができない。実行するのを忘れることもない。

●ステップ2：数値を使って監察結果を記録しよう――数値で記録した結果をグラフにして、壁に貼り出そう。実践結果を目で確かめられると、変化が起こりやすくなる。

●ステップ3：変化を人に教えよう――実践結果や変化の過程をブログにアップし、メールで人に知らせよう。変化の過程を公開すれば、あきらめにくくなり、アドバイスと励ましをもらえる。

わたしが大学院で教えている学生のひとりは論文を準備している最中だが、自分の写真を机の前に貼り出して、吹き出しに「○○よ、論文の準備計画通り進めているか？」というせりふまで書いてあるという。毎朝、起床時間を自分のブログに載せて、寝坊の癖を直した学生もいる。

どんなことでも自分を観察対象にすれば、その活動をより意識的に自覚し、もっと頑張ろうと努力するようになる。あることに注意を傾ければ、何となくやっているより、ずっとよい結果を出せるのは当然のことだ。だから自分がしている重要な活動に意識的に焦点を合わせることで、次第に素晴らしい結果を出せるようになる。

体重を定期的に測るだけで体重は減る

心理学者のイワン・ラトナー（Ivan Rutner）は、統合失調症患者の幻聴を自己観察技法によってわずか15日で治療し、当時のこの分野の専門家たちを驚かせた。患者は13年にわたり精神科に入院していた47歳の女性で、彼女が抱えるもっとも大きな問題は、「早く寝なさい！」などという幻聴が絶え間なく聞こえることだった。

治療スタッフは患者に幻聴が聞こえるたびに報告させ、それをナースステーションの壁に掛けた図表に記録し、患者自身だけでなく病棟の患者全員と職員が見られるようにした。１日目には１８１回もの幻聴が記録されたが、それ以降、記録を続けるうちに劇的な変化が起こり始めた。２日目は80回に減り、３日目は11回、４日目は一度も幻聴がなかった。５日目から16日目までは多くて16回、少ないときは０回に減り、17日目以降になると幻聴はほとんど聞こえなくなって、患者は６か月が過ぎるまで再び幻聴を訴えることはなかった。

減量してスリムな体型になりたければ、まずヘルスメーターを買おう。縦軸に体重、横軸に１か月分の日付を書き込んだ大きなグラフ用紙をヘルスメーターの前の壁に貼り、目標の体重を赤く太い線で水平に引く。そして毎日体重を測ったらその結果を青い色で書き込み、変化を確認する。そうすれば、外食や前の夜の夜食で体重が増えたときにもそれが目で見て実感できるため、日々の食事量と運動量を調節することがずっと簡単になる。

実際、体重を定期的に測るだけでも体重が減るという研究結果がある。ダン・ビュイトナー（Dan Buettner）は彼の著書『ブルーゾーン　世界の１００歳人《センテナリアン》に学ぶ健康と長寿のルール』で、「体重測定こそ食べすぎを警告してくれる非常に簡単で効果的な手段だ」と強調し、次のような研究結果を紹介している。

体重を減らしたい女性3026人を追跡調査した結果、毎日体重を測った女性は2年後に体重が平均5・4キログラム減った。一方、体重をきちんと測らなかった女性は平均2・2キログラム増えた。毎日体重を測るだけでも、測らない人に比べて2年後に7・6キログラムもスリムになったのだ。だから、目立つところにヘルスメーターを置いて毎日体重を測るようにしよう。体重を測ることは増えすぎた体重を減らし、スリムな体型を維持してくれるもっとも簡単で確実な方法だ。

一日中忙しく過ごしているのに、仕事は減らず、ストレスばかりがたまるようなら、自分が時間をどう使っているのか点検してみよう。重要なことに集中している時間をノートに書き出すのだ。時間管理の内訳を1週間でもきちんと記録すれば、その原因を見つけ出すことができる。

わたしが相談に乗っていたある大学生は、ノートに時間使用内訳を記録して点検した後、こんな感想を述べた。

「自分自身を観察しながら勉強に集中している時間を記録してみたら、最初の何日かであまりに多くの時間を浪費していることがわかりました。講義時間3時間を除くと、自分で勉強する時間は1時間20分にしかならないという事実を知り、本当にびっくりしました。

ところで、時間使用の内訳を記録していると、不思議な変化が起こりました。ただ記録しているだけでも、勉強する時間が増えたのです。自分が時間をどう使っているかを観察して記録するだけで、こんなに変わるのだという事実に驚きました。

そのもっとも大きな理由は、記録を付けていると自分の行動をしっかりと見つめなければならないからでしょう。また、これまで時間を無駄にしてきたのは、自分の行動を意識せず、ただ何となく過ごしてきたためだと思いました」

ぶつぶつ不平を言う癖を直したいという相談者に、わたしは「碁石を左のポケットに入れて持ち歩き、不平を言うたびにひとつずつ右のポケットに移し、夜寝る前にその数を数えれば、不平が減るでしょう」という非常に簡単な治療法を教えてあげた。

体を鍛えたければ、週に1度ずつ時間を決めて、ブログやツイッター、フェイスブックに変化の過程を書き込もう。ネットサーフィンを減らしたければ、パソコンのデスクトップに親の写真を使って、自分を監視させよう。ゲームをする時間を減らしたければ砂時計を横に置いて時間を決めよう。支出を減らしたければ家計簿を付け、怒る癖を直したければ、いつ、どこで、何回怒ったか記録しよう。そして、その結果を図表にし、他の人に見えるように貼っておこう。決心を守りたければ、自分がちゃんと守れるか常に監視しよう。そして、その結果を誰かに知らせよう。

あなたにとってもっとも重要な目は誰の目だろうか？

その目を通じて変えたい、あなたの行動は何だろうか？

point

❶ 意識せずに何となくやっていたために、変えたくても変えられなかった習慣を探してみよう。

❷ 自己観察技法（観察と記録）によって変化させたい習慣をひとつ選ぼう。

❸ 変化を導くために観察する内容と、その記録方法、公開方法も考えてみよう。

one more

運動量を把握するだけで効果がアップする⁉

運動がストレス解消と健康管理によいということは、誰もが知っている。一方で、自分の運動量を把握するだけでも、健康によい影響があるのだろうか。2007年、ハーバード大学のアリア・クラム（Alia J. Crum）とエレン・ランガー（Ellen J. Langer）教授は、風変わりな実験を通じて、それが事実だと証明した。この実験には7か所のホテルから80人の従業員が参加した。研究チームは、Aグループの従業員に対して運動の効果とともに、一日の運動量を消費カロリーで知らせた。自分の運動量を具体的に把握できるよう、あらゆる活動と各運動量を表にして配布し、休憩室の掲示板にも貼り出した。一方、Bグループには何の情報も与えなかった。1か月後に健康診断を行い、実験前の健診結果と比較した。驚くことに、消費カロリーを知らされたAグループは、体重、体格指数（BMI）、腰回りサイズが減少し、血圧とストレスも低下した。ところが、Bグループには何の変化も起こらなかった。

同じことをするのでも、ただ何となくやるのではなく、よく観察し、自分がどんな行動をとっているのかをしっかり意識するだけで、あなたの体と心には変化が表れる。ふだんあなたが何となく行っていることのうち、今後しっかり観察する必要があるものは何だろうか？

13

大事な仕事の前に雑用をやりたくなる理由

ウォーミングアップに時間をかけるな

試験の前日まで片づけばかりして勉強ができない大学2年の男子学生

「さんざん遊んだので、そろそろ勉強をしようと思いました。『さて、何から始めようか。まず机の整理からかな』、そう思って引き出しの整理をしていたら手帳を見つけ、中身に目を通し、本棚に並んでいるアルバムを整理していたら写真を見て思い出に浸り、古いテスト用紙を片づけていたら、その脇にあったマンガ本を読み、水を飲もうとして冷蔵庫を開けたら、つまみ食いをしてしまい、ゴミを捨てようとしたら部屋の掃除までする羽目になり、そんなこんなで部屋の模様替えまでしてしまいました。結局、やろうと思った勉強には少しも手が付けられず、夜中の12時を回ってしまいました。なぜ僕はこんなふうに大切なことを後回しにして、取るに足りないことばかりやってしまうのでしょうか?」

勉強しないために机の片づけを始める

大事なことをするための準備作業をしていると、次々と関係ない雑用をしてしまって重要なことが後回しになることが多い。人間はなぜ、道草を食ってしまうのだろうか。もっとも大きな理由は、やるべきことをやりたくないからだ。**やりたくない仕事から逃げるためのいちばん簡単な方法は、その仕事と少しでも関係があって、しかも楽な仕事を見つけることだ。**

「勉強をしっかりやるには、まず机の片づけをしなくちゃ」とつぶやくが、それは表向きの理由で、隠された動機は次のようなものだ。「机を片づけている間は勉強をしなくてもいいだろう」

わたしの周りを見ていると、読書サークル、英会話学校、コンビニエンスストアや家庭教師のアルバイト、同好会など、忙しく走り回り、誰よりも懸命に生きているようだが、なぜかむなしいと訴える学生は多い。歳月が過ぎて、彼らはため息をつきながらこうつぶやくのかも知れない。「これまで熱心に生きてきたのに、これといってやり遂げたことがない。これが本当に自分の人生なのか」

人間は本当に重要だけれどもやりたくない仕事（頭を使わなくてはならない仕事）があるとき、単純な仕事（頭をあまり使わなくてもいい仕事）をすることで、ストレスから逃げようとする傾向がある。部屋の片づけをすることでやるべき勉強を後回しにしている学生だけに限らず、雑談をしたり、住所録を整理したりすることで、本当に重要な得意先への営業活動を後回しにする営業マンもこれにあたる。

主婦が掃除や片づけをしようと決めながら、さっと手を付けられないケースも同じだ。掃除をする前に空気を入れ替えようと窓を開ける。すると道の向こうにレンギョウの花が咲いている。高校の校庭を思い出す。同窓生のことを思い出し、電話番号をプッシュする。話し中だ。電話の横のリモコンが目に留まる。この番組だけ見なくちゃ……。こうして窓を開けただけなのに、それが次々と別の雑用を呼び、本当にしようとしていた掃除には手も付けられず、一日が暮れていく。

誰でも嫌なことから逃げるため、不安感を打ち消すため、自分を安心させるため、特に重要でないことに一生懸命になった経験があるだろう。わたしも時々そういうことがある。

一生懸命に生きているのに、なぜか心の片隅がむなしければ、自分にこう質問しよう。「この仕事をしている理由は何だろう？」と。もし、もっともらしい理由（Good

Reason）が思い浮かんだとしたら、さらに質問してみよう。「この仕事をしている本当の理由（True Reason）は何だろう？　もしかしたら大事なことをしたくなくて、瑣末《さまつ》なことをしているのではないだろうか？」

〈重要でないことに気持ちがとらわれてしまう3つの理由〉

①目標がはっきりしない：明確な目標がなければ、重要なこととそうでないことの区別がつかない。

②簡単で楽しい：重要でないことでも、それなりにもっともらしい意味を持っており、その大部分は簡単で楽しくもある。

③理由を提供してくれる：重要なことから逃げながらも、自分は一生懸命に生きているのだという言い訳を与えてくれる。

先延ばしにする人ほど準備時間が長い

同じことをするにも、ぐずぐずしていて重要なことを先延ばしにする人たちは、ストレスをうまくコントロールできない。一方、さっさと仕事に取りかかる習慣のある人たちは、一般にストレスをうまく扱うことができる。そういう人は、その仕事をうまくできると信じ、うまくできるノウハウをすでに身につけているか、うまくできる方法を学ぶことができると信じているのだ。

仕事をさっと始める人のもうひとつの特徴は、整理と整頓がうまいということだ。整理と整頓は似たような言葉に見えるが、意味が違う。必要のない物を片づけたり捨てたりすることを「整理」といい、必要な物を使いやすく並べることを「整頓」という。

勉強ができるようになりたければ、勉強と関係のない物は整理して目につかないように片づけ、勉強に必要な本、ノート、筆記用具などは適切な場所に置くようにしなければならない。わたしは時折、周囲を見回しながら「お前がいるべきいちばんよい場所はどこだ？」と物に聞いてみる。すると、彼らは自分から居場所に戻ってくれるのだ。

一日の勤務が終わったら、その日にした仕事についてしばし考えながら、デスクをきれいに片づけよう。そして翌日にすべき仕事が何かを点検し、仕事に必要な物をデスクの上にそろえておく。

こうすることのメリットはいくつかある。

第1に、その日にしたことを振り返りつつ、満ち足りた気分で家路につくことができる。

第2に、その日にした仕事だけではなく、翌日にすべき重要な仕事を忘れる確率も低くなる。

第3に、翌日に出勤してすぐに仕事に取りかかることができる。勉強や仕事をするときだけでなく、家庭でも家事を終えて整理整頓をしておけば、次のことを始めるときにスタートが早くなる。

「デスクをきちんと整理できない人は、仕事もきちんとできない」

これは、自己啓発専門家のブライアン・トレイシー（Brian Tracy）の言葉だ。わたしもその意見に大いに賛成だが、もうひとつ、こう付け加えたい。

「デスクを整理するために、本当にしなければならない重要な仕事を後回しにする人は、絶対に大きな成功を収めることはできない」

〈ウォーミングアップの時間を減らす3つのステップ〉

●ステップ1：隠れた動機を探す――仕事の前のウォーミングアップの時間が長ければ、しばし立ち止まり、こう自分に尋ねよう。「わたしが逃げている本当に重要な仕事は何か？」

●ステップ2：順番を変えて実行する――勉強をする前にデスクを片づけたければ、順序を変えて、勉強をしてからデスクを整理してみよう。「電話してから皿洗いをしよう」と思ったら、「皿洗いをしてから電話しよう」というふうに変えよう。

●ステップ3：あらかじめ準備する——重要な仕事をすぐに始められない原因を取り除こう。仕事が終わったら、翌日に重要な仕事をすぐに始められるよう準備しておこう。

「わたしは勉強をしようとパソコンを立ちあげても、面白いインターネットの記事を見てしまい、勉強ができない癖があります。ひとつの記事を読むと、読みたい記事が次々と現れます。教授のメールをもらって問題の根っこを探ってみると、インターネットのスタートページが、あるポータルサイトに設定されていたためでした。そこで、これを防ぐためにデスクトップに散らばっているくだらないアイコンを全部消して、スタートページを自分が就職したい会社のホームページに変えました。そうすると不思議なことに、ウォーミングアップの時間が大幅に減りました」

就職活動中の学生がメールで送ってきた経験談だ。ネットサーフィンで多くの時間を無駄にしてきたなら、パソコンのデスクトップを整理して、スタートページを必ず成し遂げたい夢や重要な仕事に関係したサイトのアドレスに変えておこう。朝の運動をしたければ、寝る前にスニーカーやジャージを枕元に用意した方がよいのと同じことだ。

価値の低い仕事をいくら一生懸命にやっても無意味

経営コンサルタントのデニス・ウェイトリー（Denis Waitley）はこう言っている。

「失敗する人は常に緊張を解くための仕事をし、勝利する人は目標を勝ち取るための仕事をする」

勝者は人より早く出勤し、長期的に見て成果を上げられる重要な仕事から始める。目標達成のために役立つ本を読み、技術を向上させるために勉強し、価値が高い仕事に精神を集中させる。

一方、敗者は時間ぎりぎりに出勤し、のんびりとコーヒーを飲みながら新聞を読み、ネットサーフィンをし、同僚とおしゃべりをすることから一日を始める。彼らは、短期的に見れば楽しくても長期的には価値のない仕事から手を付ける。

失敗する者は常に、将来は苦痛の種になるかも知れないが当面は楽しい仕事に一生懸命になり、成功する者は、将来的に大きな満足を与えてくれるが現在は苦痛な仕事――つまり、失敗する者が嫌う仕事を先にする。

わたしの研究室を訪ねてきたある学生が、休暇中にも忙しく過ごしていると言うので、いったい何をしてそんなに忙しいのか尋ねた。彼はスポーツをし、ダンススクールでダンスを教え、英語の家庭教師を5件も掛け持ちしていると自慢げに言った。

なぜそんなにたくさん家庭教師をしているのかと聞いてみると、彼は「お金を稼ぐため」と答えた。わたしはさらにこう尋ねた。「ところで君はいま4年生だが、この前、進路の相談をしてみると言っていた人に会ったのか？」

すると彼は「まだお会いしていません」と頭をかいた。そんな彼に、わたしはこう言ってやった。

「誰でも本当に大切な仕事から逃げるために、重要でない仕事をつくって一生懸命にやることがある。いまあまりに忙しいなら、たまには手を休めて、自分自身にこう質問してみる必要がある。もしかしたら本当に重要な仕事から逃げるために、いまの仕事をしているのではないか」

しばらくして、その学生からこんなメールをもらった。

「これまでわたしは同じ年頃の人たちと比べて、ずっと多様な分野の人々に会い、一生懸命に生きてきました。大学受験の後は、財政的にも完全に独立した自分を誇りに思っていました。ところが、教授のお話を聞いた瞬間、頭をハンマーで殴られたような気分になりました。そしてこんな考えが浮かびました。

『アルバイトをしているのは、嫌な勉強から逃げるための言い訳かも知れない』

『重要でない仕事にとらわれてしまうと、重要なことができなくなる』

何よりも心に染みたのは、まさに次の部分です。

『重要な仕事から逃げるために、わざわざ不必要な仕事をつくっているのではないか』

今回のことをきっかけに、誰よりも一生懸命に生きてきたことが、重要なことから逃げるための怠惰さのもうひとつの表れだという大事な事実に気づきました。これからは仕事と人間関係で不必要なことはきっぱりと整理し、その代わりに長期的な目で自分にとって重要なことを探し、自分の進路を準備することに時間を割こうと思います。

――ただ一生懸命にだけ生きるところだった弟子より」

忙しいのに成果が上がらないようなら時々、自問してみよう。

自分は生産的に働いているか？　あるいは、ただ活動的に働いているだけか？

自分がいまやっている低いレベルの楽な仕事は何か？
無意識に目を背けている高いレベルの嫌な仕事は何だろうか？

point

❶ やらなければと考えながらも、すぐに始められないでいる重要な仕事をひとつ探してみよう。

❷ その重要な仕事から逃げるためにいまやっている、重要でない仕事が何か考えてみよう。

❸ すぐにやめるべき重要でない仕事と、すぐに実行すべき重要な仕事を、ひとつずつ探してみよう。

つまらない仕事は連鎖する

ある日、フランスの啓蒙主義思想家のドゥニ・ディドロ（Denis Diderot）にプレゼントが送られてきた。非常に高級そうな深紅の部屋着だった。問題はそれからだった。書斎に徐々に変化が起こり始めた。

これまで何ということはなかった本棚が、優雅な部屋着とは対照的に、どこか古ぼけて、みすぼらしく感じられた。そこで新しいものに取り替えた。しばらくたつと、タペストリーがやぼったく見えてきて、新しく購入した。するとイス、時計、タンス、机など、書斎にあるものすべてがみすぼらしく見え始めた。

とうとう書斎全体を取り替えることになり、取り替えないものは自分自身だけとなった。

このように、ひとつの品物を新しく買うと、その周囲にある他のものもそれに似合ったものに取り替えることになる現象を、「ディドロ効果（Diderot Effect）」という。これは消費行動だけでなく、勉強、ビジネス、人間関係など、あらゆる状況に当てはまる。

部屋着のせいで書斎を丸ごと模様替えすることにエネルギーを無駄づかいし、重要な文章を書けず、うつ病に苦しんだディドロのように、つまらない仕事に手を付けると、それに関係して他のつまらない仕事を連鎖的に行うことになる。

あなたがいま首を突っ込んでいるつまらない仕事は何だろうか？

その仕事によって手を付けられないでいる重要な仕事は何だろうか？

第3章

維持する

Maintaining Habit

14

人はセルフイメージ通りの人間になる

理想の自分を描こう

お客とケンカして落ち込んだ40代のコンビニ店主

「『おい、のり巻きなんか売っているからとバカにするな。いったい人を何だと思っているんだ！』というひと言がきっかけで、酒に酔ったお客とケンカして、警察に連れていかれました。商売で成功するには、お客に親切にしなければいけないことは、わたしも知らないわけではありません。『忍の字を3回書けば、殺人を犯すこともない』という言葉を思い出して我慢しようとしましたが、生意気な口を聞く若造にはらわたが煮えくり返り、耐えられませんでした。夜中にコンビニのレジに立っていると、時々こんなことが起こります」

創造的な人は自分を創造的だとイメージしている

わたしにメールしてきたこのコンビニ店主は、ケンカの原因をお客にプライドを傷つけられたからだと説明した。もちろん部分的には正しいが、それより重要な理由がある。それは、自分を「のり巻きなんか売っている人」と規定したことだ。

もし彼が自分を「コンビニチェーンの起業を夢見る事業家」と規定していれば、同じ状況にあっても全然違う態度を見せたかも知れない。将来、立派な起業家になれたコツを記者から聞かれたときに、「実はこんなことがありましてね」と紹介できるエピソードに出合えたと、かえって酔っぱらいを歓迎するかも知れない。たとえば、こんな記者会見の場面を想像しながら——。

「コンビニを経営していると、時々お客さまからプライドを傷つけられることがあります。そのたびにわたしはお客さまの気持ちをなだめるための、よい方法を見つけようと努力しました。すると、そんな人たちが逆にお得意さんになって評判を広めてくれ、次第に売上も上がりました。そうしたお客さまがわたしをテストしてくれなければ、いまのわたしはなかったことでしょう。すべてお客さまのおかげです」

のり巻きを売っているからといって、自分自身を「のり巻きなんか売っている人」と規定してはならない。その仕事をしながらも、国の将来を背負う若者たちの面倒を見る「師」になることもでき、コンビニのアルバイトたちにビジネスノウハウを教えるコーチになることもでき、地域の人々のカウンセラーになることもできる。

人間の考えは行動を決定し、人間の行動は運命を決定する。このように、自分に対するイメージが行動を決定し、さらには運命まで決定することを、「自己規定効果（Self-Definition Effect）」という。

「わたしはこんな人間だ」と自らを規定すれば、本当にそんな人間のように行動する。そうして結果的にそんな人間になる。創意性の分野の大家であるロジャー・フォン・イーク（Roger von Oech）は、著書『頭にガツンと一撃』で、創造的な人の特徴をひと言でこう説明している。

「創造的な人は、自分を創造的だとイメージしている」

事実、何が創造力に影響を与えるのかを探るために、生い立ちから教育過程にいたるまでさまざまな要因を調査した結果、その違いはたったひとつ、「創造的な人は自分を創造的だと考え、そうでない人は自分が創造的でないと考えている」というものだった。

わたしは学期の初めに、学生たちにコースの内容を説明してから、各自に自己紹介をさせることにしている。彼らの自己紹介は大体こんな具合だ。

「心理学科3年生の○○です。よろしくお願いします」「このたび電子工学科に入学した新入生の○○です。心理学を複数選択しています。仲良くしていただけたらと思います」

自己紹介が終わると、わたしは学生たちにこう提案する。「皆さん、自分をあまりに狭く決めつけないようにしましょう。もう少し広く規定してみたらどうでしょうか。たとえばこんなふうに――『わたしは、世界の子どもたちに夢を与え、どんなに大変なことがあっても絶対にあきらめさせない、そんなマンガ家になるために心理学を学んでいる○○です』」

このように、自分をもう少し大きくイメージできたなら、どんなことが起こるだろうか。教室にいるときの目の輝きと表情が変わるだろう。図書館で借りる本とインターネットでの検索ワードが変わるだろう。日頃の服装と言葉遣いが変わり、よく見る新聞やテレビ番組も変わるだろう。そうして5年、10年もたてば、自分を小さくイメージして生きている人たちと、完全に異なる人生を送ることになる。

自分を小さな箱に閉じ込めるな

清掃作業員のアンディーは、いつも人より早く職場に来て掃除をしていた。そして暇を見つけては独学でモールス信号を学んだ。ある日、電報交換手がみな席を外していた時間に、電報が飛び込んできた。当時の規則で、交換手以外は設備に手を触れてはならないことになっていた。だが、アンディーは電報を受信したくてたまらず、処罰を覚悟で電報を受け取った。

結果、社長は彼を解雇するどころか、交換手がいないときには電報を受信できるようにしてくれた。その後、彼は鉄道会社の電信手としてスカウトされた。電信手となったアンディーは、ここでも独学で鉄道運営課程の勉強をした。ある日、出勤直後に列車の脱線事故が起きた。責任者に連絡できなかったため、彼は解雇と懲役を覚悟で、鉄道路線の変更を電報で指示し、事故を収拾した。

彼こそが、のちに「鉄鋼王」と呼ばれることになるアンドリュー・カーネギー（Andrew Carnegie）その人である。

もっと大きなことをしたければ、まずあなた自身をもっと大きくイメージしなくては

ならない。

個人だけではなく、企業も自らをあまりに狭く捉えると、大きなツケが回ってくることになる。ノキアとアグファは両社とも100年を超える歴史を持つ企業だ。ところが、片方はいまも発展を続けており、もう片方は破産した。

世界の携帯電話マーケットのシェア第1位を誇るノキアは、もともと木材加工会社だったが、1990年代の中頃からIT分野にその中核を移していった。一方、アグファは事業の分野をアナログフィルムに限定し、創業140年の2005年に倒産した。ポラロイドはデジタル時代の到来をいち早く悟ったが、自社の技術の高さにあぐらをかき、事業の幅を狭く限ったせいで悲惨な失敗をした。1975年、セオドア・レビット（Theodore Levitt）は「ハーバード・ビジネス・レビュー」に掲載された「近視眼的マーケティング（Marketing Myopia）」というタイトルの論文にこう書いている。

「鉄道会社の成長がストップしたのは、乗客と貨物の運送需要が減少したためではない。彼らは自らを運送業者ではなく、鉄道会社だと狭く捉えたからだ」

アップルはコンピューター事業で築いたデザインとソフトウェア技術を基盤に中核事業を再定義し、画期的なデジタル新製品iPadを開発し、携帯電話市場のパラダイムを変えるiPhoneを世に出した。最近は社名からコンピューターという言葉を外し、コンピューター会社というこれまでのイメージを完全に変えてしまった。彼らは自分たちの事業を再定義して、倒産の危機をさらなるステップアップのチャンスにしてみせたのだ。

自己イメージがあなたの行動を決めている

たとえ意識しなくても、あなたの頭の中は何らかの自己イメージに満たされている。「ただのコンビニ店主」「サラリーマン」「僕なんか」「この年齢で」といった否定的なイメージは、存在自体を認識しなくても、わたしたちの精神の中に深く根ざしており、知らずしらずのうちにわたしたちの行動全般に影響を及ぼす。

人は誰でも「自分は〜な人間だ」という自己イメージを持っている。そして、それに合致する証拠を探し出し、自己イメージに合わせて行動しようという強い欲求を持っている。これを「自己一貫性原理（Principle of Self-consistency）」という。この分野における研究の第一人者であるプレスコット・レッキー（Prescott Lecky）博士は、自己一貫性のパワーをこう説明している。「人は無意識のうちに、自分の言葉と行動を自己イメージと一致させることが道徳的だと考える」と。

うつ病でわたしの相談を受けに来た来談者のひとりは、気分がよいことがあって楽しくなると、なぜか罪の意識を感じると言った。どうしてうつ病から抜け出したいと思いながら、愉快な状態を受け入れられないのだろうか？

それは、自分が考える自己イメージに合わないと思うと矛盾を感じ、落ち着かないからだ。一般に、うつ病から抜け出せないからうつ病だと言うが、実は自分がうつ病患者だと考えるからうつ病から抜け出せない場合の方がずっと多い。

1863年1月1日、リンカーン大統領が奴隷解放宣言をしたとき、自由を求めて出ていくだろうと思っていた奴隷たちは、予想とは違ってほとんどが以前のように主人の下で生きていくことを選択した。あれほど求めていた自由が与えられたのに、なぜだろうか？

彼らはそうやって生きることが運命だと考え、頭の中に塀をつくって生きていたからだ。アニメ『チキンラン』の主人公、めんどりのジンジャーは、脱出をあきらめて一生懸命にたまごを産もうとするニワトリたちにこう叫ぶ。「みんな、何が問題か知ってる？養鶏場の囲いは目の前にだけあるんじゃなくって、みんなの頭の中にもあるということよ！」

プレスコット・レッキー博士は実験を通じて、成功と失敗は自己イメージによるという事実を確認した。心理学者のコリンズ（J. L. Collins）もまた、学生の数学の成績は才能よりも信念が大きく左右するという事実を、実験で確かめた研究者だ。

彼は、数学の能力が同等だとしても、「数学が得意」だという信念を持っている学生は、そうでない学生に比べて時間がたてばたつほどはっきりと数学の成績が高くなるという事実を発見したのだ。したがって、「僕はもともと計算が苦手なんだ」「わたしは数学に向いていない」「自分は数学的な頭がない」と決めつけていれば、間違いなく数学ができなくなる。

いまとは違う姿で生きていきたければ、理想に描く姿の人間として自分をイメージしさえすればよい。本をたくさん読みたいなら、「本をたくさん読みたい」と望む代わりに、「わたしは一週間に1冊以上、本を読む人間だ」と、はっきりと自分を規定しよう。実行力のある人間になりたければ、「自分は意志薄弱だ」という考えを頭から追い出して、「自分は決心すれば必ずやり遂げる人間だ」と、きっぱりと規定すればよい。アイデアマンになりたければ、ただ「自分は何をしようと、ユニークなアイデアをひとつずつ思いつく人間だ」と規定しよう。そうすれば、自己イメージがあなたを引っ張っていく。

「わたしは〜だ」と考えるとき、「わたしは」の後に従って出てくる「自分のイメージ」は強力な力でそれに合致する証拠を探し出し、自分自身をそちらの方向へと導いていく。そしてあなたは、ついにそういう人間になるのだ。

〈自己イメージを変えるための3つのステップ〉

●ステップ1：決心しながら実行に移せないでいることをひとつ思い浮かべる。

●ステップ2：実行を妨げている障害物となっている自己イメージを探してみる。

●ステップ3：それを変化への足掛かりとなる自己イメージに置き換える。

ある人があなたとどう接するかは、あなたが実際にどんな人間かということよりも、その人があなたをどう規定しているかに全面的にかかっている。同様に、あなたの態度や行動も、あなたがあなた自身をどう規定しているかによって決まる。その認識が合っていようが間違っていようが、人は自分のイメージに合致するように行動するからだ。

「自分はもともと朝が苦手だ」と規定すれば、他人より早く出勤するのは永遠に不可能だ。早起きできないのは、怠けているためではない。意志が弱いからでもない。自分を「早起きできない人間」と決めつけているからだ。だから、これまでと違う人生を歩みたければ、これまでと違う自分をイメージする必要がある。

かつてセネカはこう語った。「何かができないということは、それがあまりに難しいからではなく、難しいと思い込んでやってみようとしないからだ」

自分に新しいイメージをかぶせれば、あなたの行動はその新しいアイデンティティーを裏付けるために、自動的に変化するだろう。次の文面は、自分をより大きくイメージしてから、人生の目標と態度が完全に変わったという大学院生から送られてきたメールだ。

「いつか教授とお話ししたとき、『わたしはもともと〇〇な性格なんです』と言うと、教授は『そんなレッテルを貼ってはいけない！』とおっしゃいました。そのお言葉を聞いて、まるでハンマーで頭を殴られたような感じがしました。

考えてみると、わたしにはいつも自分を『〇〇な人間』として限界をつくってしまう癖がありました。大学院で発表しているときにも、心のどこかでは講義をすることが本当に自分の適性に合っていると思いながら、自分から『教授という職業には就けない人間』と決めつけ、カウンセラーの立場で満足していました。

ですが、自分の中の可能性を掘り出してくださった教授のおかげで、『自分にできないわけがない』という気持ちになり、教授になると公開宣言することにしました。それをご覧になった教授が、しばしば冗談交じりに『〇〇〇教授』とわたしを呼ぶたびに、わたしから1000万キロメートルも離れたところにあったはずの『教授』という職業が、ほんの1メートル先の近さに感じられます。もちろん、失敗することもあるかも知れません。ですが、そんなことはただの夢に過ぎないとは、誰にも言わせません」

いくら努力しても行動が変わらないなら、行動を変えようとするのではなく、イメージをつくり替えることだ。自己イメージが変われば、行動は自然と変わるものだからだ。**どんな人でも、イメージする以上に高い場所に登ることはできない。イメージほど成功の障害物になるものはない。同時に、イメージほど可能性を高めてくれるものもない。**より大きなことをしたければ、自分をもっと大きくイメージし、もっと高いところに登りたければ、自分をもっと高い場所に押し上げなくてはならない。

あなたの運命はあなたのイメージがつくり、あなたにチャンスを与える第一人者はあなた自身であることを肝に銘じよう。あなたの名前をそっと呼んでみよう。そしてこう自問しよう。

「○○、わたしは何者か？　これまでどんな人間だったか？　これからはどんな人間なのか？」

わたしはもともと――――な人間だった。
わたしはこれから――――な人間だ。

point

❶ 実行に移せずにいる決心や、これまであきらめていた夢をひとつ、探してみよう。

❷ 実行することを妨げ、夢をあきらめさせていた、頭の中の「塀」を探してみよう。

❸ 夢をかなえる足掛かりとなるよう、自分の新しいイメージをつくろう。そして自己イメージに合致する小さなことをひとつ探して、行動に移そう。

たったひと言が人生のすべてを変えた

「わたしにとって生涯で最高の心理治療は、わたしがニューヨーク第5刑務所の心理学者として勤務していたときに起こった。

ある日、ひとりの囚人が出獄する前にぜひ感謝の言葉を述べたいと、わたしを訪ねてきたのだ。聞くと、彼は2年前にわたしと面談して以来、すべてが変わったのだという。

『あれ以来、わたしは刑務所で勉強を始めて、高校の課程を終え、製図士の資格をとりました。教会にも通い、家族に初めて手紙を書きました。刑務所を出たら必ず大学に進学します。自分の人生を変えてくれた先生に心から感謝いたします』

わたしが不思議に感じたのは、面談記録と記憶をいくら探っても、IQ検査以外に彼に特別にアドバイスした覚えがなかったことだ。わたしが意外に思っていると、彼はきっぱりと言った。

『先生、違いますよ。先生はわたしに、IQが高いと言ってくれました。その言葉を聞いてから、わたしがなぜ友人たちよりクロスワードパズルがよくできるのか、なぜチェスが強いのか、なぜジャズよりクラシックが好きなのか、わかったんです』

彼はわたしのひと言で、自分と世の中に対する態度が完全に変わったのだと言った」

このエピソードは、心理治療の大家であるレイモンド・J・コルシニ(Raymond J. Corsini)が著書『現代心理治療』の序文に書いた話だ。

あなたも誰かのひと言が人生のターニングポイントになった経験があるだろうか?

その人は誰で、あなたにどんな言葉を言い、それによってあなたはどう変わったのだろうか?

15

人の頼みを断れないのはなぜか

↓

断る勇気の持ち方

「いい人コンプレックス」のせいで断れず、悩んでいる20代ＯＬ

「わたしには、人からの頼みを断れないという病気があります。重症です。屋台の商人に勧められて必要のない本を買わされたり、電話セールスをなかなか切れずに10分以上も冷や汗を流したり、バスを待っていたら新興宗教に勧誘されて約束に遅れたこともあります。友人とのチャットを断れずテストで失敗したこともあり、お酒が飲めないのに誰かに勧められると無理して飲んで翌日に死ぬほど苦しみました。嫌だと思っても男友達のスキンシップを断れず、何とか断っても、その友達に申し訳ないような気持ちになってしまいます。いま考えてみれば、ダイエットを途中であきらめたのも、誰かに何か食べようと誘われると断れないからでした。こんな駄目な自分が嫌になります」

どうして嫌なことを嫌と言えないのか？

決心を途中であきらめた人たち、実行を先延ばしにして望みをかなえられなかった人たち、そうした人たちには、ひとつの共通点がある。**気の進まない頼まれ事をうまく断れない**という点だ。だから彼らは真に望んでいること、本当に重要なことに向ける時間とエネルギーがいつも足りなくなる。

ある就職情報サイトでサラリーマン1112人を対象に「頼まれ事をうまく断れるか」を問うアンケート調査を行ったところ、51％が「断れない」と回答し、断るのが難しいと思う人が非常に多いことがわかった。

相談に乗っていると、気の進まない頼まれ事を断れず、肝心なことができない、と訴える人とよく出会う。人間関係において人に対する気づかいほど重要なことはない。だが、生きていく中で気づかいに劣らず重要なのは、自分の立場を主張する勇気だ。

なぜ、断る勇気が必要なのか？

第1に、気の進まない頼みを断れなければ、本当に大切なことに振り向ける時間とエネルギーがそれだけ足りなくなり、重要な仕事ができずに後悔することが多くなるからだ。

第2に、相手に気をつかい、断り切れずに頼みを聞いてやったとしても、頼み事をしてきた人に対して無意識に腹を立てることになる。そのため、長期的に見れば、かえって人間関係が悪くなる。

第3に、気の進まない頼みをしかたなく全部受けていると、他人に振り回されているという気になるため、自信を失い、ストレスがたまって憂うつな気分に陥ってしまう。

コメディアンのビル・コスビー（Bill Cosby）はこう言っている。

「わたしは成功のコツを知らないが、失敗のコツは知っている。それはすべての人を喜ばせようと努力することだ」

あなたの周囲に無礼な態度を示す人や、無理な要求をしてくる人が多ければ、胸に手を当てて考えてみよう。「わたしに対してみんながこんな態度をとるのは、わたし自身がそう仕向けているのではないだろうか」と。**他人があなたに対してどんな接し方をしようが、その責任の一部は明らかにあなた自身にある。だから、他人からいまとは違う扱いを受けたければ、自分がまず変わらなくてはならない。**

他人への配慮のせいで断れないという人の心を深くまでのぞいてみると、相手に対する「配慮」のせいではなく、断る「勇気」が足りない場合が多い。断れない人たちには、いくつかの特徴がある。

まず、愛されたいという欲求と、拒否されることへの恐れが強い。配慮ではなく、実は他人から拒否されることが怖く、人情と愛情を求めているのだ。だから無理をしてでも金を貸してやったり、頼みを聞いてやったりするなど、嫌なこともニコニコしながらしてあげる人が多い。相手を喜ばせて愛されたいという欲求と、断ったときに人から冷たくされるかも知れないという恐れは、断ることを指示する大脳回路を遮断してしまう。

次に、自分を重要な人物だと信じたいという傾向が強い。彼らは自分が重要人物であることを確かめたいがために、さまざまな依頼や招待を断ることができない。だが、真実を明かすなら、あなたが頼みを断り、集まりに参加しなくても、人々は自分が心配しているほど困らず、集まりも何の支障もなく進行するものだ。だから、自分が重要な位置にいるとあまり錯覚しないようにしよう。度の過ぎた使命感を持って、どの集まりにも顔を出そうとはしない方がよい。

さらにもうひとつの特徴として、優柔不断で目標を持たずに生きている可能性が高い。心の中で熱烈に「Ｙｅｓ！」と言えることがあれば、無意味なことにきっぱりと「Ｎｏ！」と言うことができる。心から望むことがある人は、それと無関係なことを果敢に切り捨てることができる。絶対に書きたい原稿があれば、ゴルフの誘いを断ることは簡単だ。必ずやり遂げるべき重要な仕事があれば、ディナーの約束をキャンセルすることはそれほど難しくない。だから、**いつもさまざまな依頼に振り回されているなら、それは自分が目指す真に重要な目標がないからだ。**

あなたが断ってもほとんど影響はない

いつも忙しいと悲鳴を上げながら、まとまったことのできない人たちの共通点は、不当な依頼を適切に断れないことだ。一方、何か秀でた業績を挙げた人たちは違う。彼らは自分にとって不必要な依頼をうまく断ることができる。自分が重要だと考える仕事の妨げとなることは、断固として断ることを知っている。きっぱり断れる人の特徴を3つに整理すると、次のようになる。

ひとつ目に、彼らは断ることのできない「隠れた理由」が何かを知っている。つまり、断れないのは、人情を受け取りたいという欲求と、拒否されることに対する恐れのせいであることを知っている。だから、賢く断りたければ、まず断れない真の理由が何かを自分で見つけ出さねばならない。

ふたつ目に、自分の選択に対して責任を負うことができる。いつだったか、同僚の教授のひとりからこう尋ねられた。

「気の進まない会合にしかたなく出席し、もっと大事な仕事があるのにもかかわらずやむを得ず原稿の依頼を受け、授業の準備をしなくてはならないのにテレビ出演の話を断れませんでした。そんなとき、うまく断るコツは何でしょうか？」

そこでわたしはこう反問した。

「世間は思ったより自分のことを重要視していないという事実を受け入れて、自分の選択に責任を負う覚悟を持ったらいかがですか？」

自分が選択して責任を負うという覚悟をすれば、決断は簡単になる。

3つ目に、彼らは熱烈に望むものを持っている。うまく断れなければ、それはまだ熱烈に望むものがないという証拠だ。ある読者からこんなメールが送られてきた。

「教授、家出した我が子を何とか家に連れ帰って、初めて家族一緒にいることがどれほど大切かを悟りました。それを悟ってからというもの、不思議なことに、必ず週末に入っていた約束がウソのようになくなりました。もっと大事なことを見つけたために、いままでは約束を簡単に断ることができます」

どんな人生を送りたいかという目標がはっきりしなければ、断るべき状況に出合うたびに、気持ちが動揺し、苦しくなる。逆に目標がはっきりしている人は、他の人たちの頼みに振り回されず、誘惑をきっぱりと退けることができる。

気の進まない依頼を効果的に断る方法

ある講演会で、「気の進まない頼まれ事をきっぱりと断る勇気が人生の成功のカギだ」と強調したところ、その場にいたある主婦からこんな内容のメールが送られてきた。
「いま思えば、わたしがトラブルだらけの夫との生活にこれまで耐え続けてきた理由がわかりました。トラブルを予想しながらも、夫のしつこい頼みに『Ｎｏ！』と言えなかったからです」

望みをかなえて幸せな人生を歩みたければ、断るべきときに「Ｎｏ！」と言えるようにしよう。嫌なことを「嫌だ」と言うことができてこそ、好きなことに「好きだ」と言うことができ、しっかり断ることができてこそ、しっかり選択することができる。

ところで、断るときは次のいくつかの点に留意しなければならない。

1 短く、はっきりと断ろう。

欲しくない商品を勧めてあなたを困らせる人が現れたら、まずは目をそらし「すみませんが、関心ありません」とひと言で言えばよい。アポなし訪問や不当な依頼を断るときでも理由を言わなければならないと思っている人は多いが、あなたには嫌なときに理由なく「嫌だ」と言う権利がある。

ところで、親しい人の頼みを断るときはどうすればよいか。そのときには、引き受けられない理由をはっきりと言うのがいちばんだ。断ってもしつこくせがんでくる人がいたら、あなたも壊れたレコードのように同じ答えを繰り返せばよい。だが、このときに興奮してはならない。丁重で落ち着いた態度と冷静な声を保とう。相手を無視したり怒らせたりすることがあなたの目的ではないことを肝に銘じよう。

2 余韻を残さないようにしよう。

本当に引き受けられない依頼なら、「考えておきます」などの余韻を残してはならない。「いま忙しいから後で!」などと言って未練が残れば、相手はもしやと期待して、さらにしつこく頼み込んでくる可能性が高い。ひょっとすると願いを聞いてくれるかも、という希望を与えると、相手は待って時間を無駄にし、他の機会を失うかも知れない。素早くはっきりした断りは、あなた自身だけでなく、相手のためにもなる。

3 丁重に断るにしても、度を過ぎた罪の意識を持たないようにしよう。

あなたの拒否は依頼に対する拒否であって、依頼した人に対する拒否ではない。落ち着いた口調で、丁重に断ろう。断ることにあまり罪の意識を感じる必要はない。実際、意外に多くの人が、断られてもあなたが考えるように傷ついたりせず、「頼みを聞いてくれる人もいるし、断る人もいる。それは当然のことだ」と軽く考えるものだ。実際、断られたときにどう感じるかを問うアンケートで、65・9％もの人が「そんなこともあると思う」と答えている。

気の進まない依頼を受けて後悔するのは、あなたが愚かだからではない。他人の頼み事に振り回されるのも、意志が弱いからではない。他人を思いやる温かい気持ちが先立つからであり、効果的に断る方法を学んでいないからだ。

どんなことでも、ちゃんとやろうと思ったら学び、練習しなくてはならない。練習しないまま行動すると、思わぬ災難を呼ぶことがある。1日だけでも実験の日を決めて、解雇されない程度に職場でのすべての依頼を断る練習をしてみよう。もっとも効果的に断る方法を、自分で探してみよう。相手から理由を聞かれても、あえて言い訳しようとせず、「申し訳ありません。ただそうしたいのです」と正直に言ってみよう。

以下は「断る方法」についての講義を受けた学生から送られてきたメールの内容だ。

「わたしは下宿に住んでいますが、友達がいきなり訪ねてくるのを断れず、頭を痛めていました。気を悪くするのではないかと思って断らないでいると、結果的に友情も壊れてしまうことを悟り、練習してみることにしました。

ちょうど何日か前に、家に遊びに来たいという友達と、インターネットカフェに行こうという友達に『申し訳ないけど、今日は用事があって駄目なんだ』と優しく、でも、きっぱりと言いました。友達に責められるかと覚悟しましたが、思ったより断るのは簡単でした。嫌われるかも知れないとも思いましたが、かえってわたしに断られたおかげで、自分も勉強がよくできたと喜び、礼を言われました」


どうしても断れない頼みなら、さっさと受け入れて自分の選択に最後まで責任を持とう。だが、不当な依頼を聞いてあげられる状況でなければ、はっきりと意思表示をし、その結果に責任を負おう。

わたしの知り合いで、不当な頼み事を断るのが非常にうまい人がいるが、彼にそのコツを尋ねるとひと言でこう言った。

「何を選択し何を放棄するかをはっきり決めて、自分の選択に責任を負うのだと考えれ

ば、意外に簡単に人の頼みを断ることができる。断れないのは、自分の決定に責任を負いたくないからだという場合が多い」

無意味な依頼に「Ｎｏ！」と言えないなら、本当に意味のある仕事をする時間が足りなくなるのは目に見えている。時間管理の専門家、マクダグル（M. C. McDougle）はこう言っている。「自分を時間の無駄づかいから守るもっとも効果的な方法は『Ｎｏ！』と言うことだ」と。

〈罪の意識を持たずに「Ｎｏ！」と言える10の権利〉

①自分の行動を主体的に決め、責任を負う権利がある。
②自分の判断に対して、説明や言い訳をしない権利がある。
③誰かに手を貸すかどうかを、自分で判断する権利がある。
④考えが変わったら、いつでも約束を取り消す権利がある。
⑤常に完璧である必要はなく、たまには失敗する権利がある。
⑥知らないことを「わたしは知らない」と言う権利がある。
⑦相手から受けた好意と関係なく行動する権利がある。
⑧非合理的または即興的に決定する権利がある。

⑨暇であっても「忙しい」と言う権利がある。
⑩嫌なことはきっぱりと「関心がない」と言う権利がある。

point

❶断れずに後悔したことを、ひとつ探してみよう。その依頼を断れなかった理由は何だろうか。

❷あなたにとって重要な仕事を妨げる不当な依頼や、聞いてやらなくてもよい頼み事を考えてみよう。

❸その依頼を効果的に断るためのシナリオを書き、行動に移してみよう。

one more

不要な誘惑にだまされないために

韓国人男性が女性に向かって言う、ちょっと幼稚で伝説的なセリフがある。

「僕のこと、信じてるだろ？」

ふだんなら首を横に振って「こんな幼稚なセリフ、信じるわけないわ」と胸を張る女性や、「自分は絶対に変なことは考えない」と誓う男性も、いざとなると簡単に崩れてしまうことが多い。

ある心理学の実験で、一方のグループの男性に性的興奮を誘う動画を見せて、ガールフレンドと深いスキンシップを交わす場面を想像させてから、いざという瞬間に彼女が「やめて！」と叫んだらただちにやめることができるかを尋ねた。もう一方のグループの男性には何も見せない状態で、前者と同じ質問をした。

性的に興奮した男性たちは「うーん、我慢できないかも知れません」と答えた人が多かったが、興奮しなかったグループの男性たちは「ガールフレンドが望まなければ、いつでもやめることができる」と自信たっぷりに答えた。

これは、興奮すると判断力と自制力が急激に低下することを的確に表している。人間は興奮が高まると、トンネルに入った瞬間に視野が狭まるように、判断力が急に低下するのだ。これを「トンネル視野（Tunnel Vision）現象」という。

簡単にだまされれば、将来に大きな悔いを残す。そんな頼みは、きっぱり「No！」と拒否しよう。

あなたの実行力を妨げる人たちの不当な依頼や誘惑は何だろうか？

それを上手に振り切るための、あなただけの解決策は何だろうか？

16

掃除をしたければ、家に友達を呼ぼう

自分ではなく環境をコントロールする

浪費癖を直せず、まだマイホームが買えない30代後半の男性

「新年の決意の第1号が『年末までに1000万ウォン〔約89万円〕をためる』ことでした。でも、積み立てどころか、カードの支払いがかさみ、さらにカードで借りては借金を返すという繰り返しでした。

それだけではありません。この前、飲酒運転で大きな事故を起こす一歩手前だったので、絶対に飲酒運転をしないと誓いました。なのに酒を飲むと理性を失ってしまいます。この悪い癖をどうやって直せばいいでしょうか」

意志の力に頼ってはならない

貯金をすると決めたのに、なぜカードの支払いが増えるのか。カードを持ち歩くからだ。やらないと誓った飲酒運転をなぜしてしまうのか。マイカーのキーを持ったまま酒を飲むからだ。

小説『レ・ミゼラブル』と『ノートルダム・ド・パリ』の著者であり、19世紀フランス最高の作家、ビクトル・ユゴーは、小説を書くたびに使用人に服を脱いで渡し、日が暮れてから持ってくるように言った。遊びたいという誘惑を断ち切り、小説を書くしかない状況に自分を追い込んだのだ。韓国の小説家、李外秀《イウェス》もやはり家に監獄をつくって、原稿を執筆するときはその中に入り、妻に外側からカギをかけるよう頼んで、自分を閉じ込めた。

平凡な人だけでなく、偉大なことを成し遂げた人たちも、さまざまな誘惑を受けることには変わりない。特別に意志が固かったから、彼らは誘惑に負けなかったのではない。独自の賢い方法を持っていたからだ。

いくらよいことを考えていても、いざ快楽を前にすると簡単に力を失うことを彼らはよく知っている。だから彼らは刺激の力を信じ、状況の力を活用する。やってはいけないことをやれないようにし、やらなくてはいけないことをやるほかないように、状況を変えるためのてこを持っている。

バクテリアから人間にいたるまで、すべての生物は刺激に影響される。**あなた自身をコントロールしたければ、あなたをコントロールしている刺激の力を認識し、まず状況をコントロールしなければならない。もしあなたが状況をコントロールできなければ、状況があなたをコントロールするだろう。**

環境をコントロールすることによって自分をコントロールする方法を、心理学では「事前措置戦略（Precommitment Strategy）」という。実行力に優れた人たちは意志力がずば抜けているというより、こうした効果的な事前措置戦略を持っているケースが多い。

資産運用のためにまとまったお金をためようと決め、キャリアを積むために英語を勉強しようと固く決心しても、なかなか進まない人が多い。お金というものは入ってきただけ出ていくことが増え、時間も余っただけやるべきことが増えるからだ。

お金と時間にはひとつの共通点がある。「お金が余ったら貯金しよう」と思っていたら絶対にお金がたまらないのと同じように、「時間が余ったら勉強しよう」と思っていたら永遠に勉強はできない。お金がよそに逃げていくのを防いで貯金するには、クレジットカードの利用限度額を引き下げ、収入から一定額が天引きで通帳に入るよう銀行に申し込むべきだ。

同様に、勉強をしたければ、勉強の時間をあらかじめ決めておくことだ。英語の勉強をしたければ、時間があるときにしようと思わず、勤務時間後に受講できる英語学校に登録すべきだ。

「背水の陣」のすさまじい力

ナポレオンは死を覚悟して戦うために、副官に命じて自らが渡ってきた橋を焼かせた。偉大な征服者ジュリアス・シーザーや、無敵の海賊バイキングも、陸地に到着すれば、自分たちの船に火をかけた。彼らは、逃げ道をふさいで退路を断ってこそ、必死で戦い、勝利を得られることを知っていたからだ。

漢の江蘇の名将、韓信は、戦況が不利になると兵士が逃げる恐れがあったため、川を背にして陣を張った。だから川に落ちて死のうが戦って死のうが同じことだと考えた兵士たちは、死力を尽くして戦い勝利した。ここから「背水の陣」という言葉が生まれた。

秦の英雄、項羽も、兵士が逃げる気を起こさないよう、飯釜を壊し、帰りの船を沈没させることで不利な戦いに勝つことができたため、そこから「破釜沈船《はふちんせん》」という言葉ができた。

橋を焼き、船を沈没させること、背水の陣を張ること、飯釜を壊すことは、すべて実行力に優れた人々が持っている素晴らしい事前措置戦略だ。彼らは自分と部下が決心をひるがえすことのないよう、退路を断ったのだ。自分自身を縛って決心をひるがえせないようにするための、こうした事前措置戦略をわたしは「囲い込み技法（Enclosure Technique）」とも呼んでいる。

図書館に行けば、勉強をするしかなくなる。1時限目の授業を受講したり早朝勉強会の幹事役を買って出れば、朝型人間になるしかなくなる。発表を担当すると言って手を挙げれば、しかたなく本を読むようになる。これらが、**逃げられない状況に自分を囲い込み、望みのことに没頭するための囲い込み技法**だ。稼いだだけ使ってしまう癖があって老後の準備ができないなら、マイホームを買ってお金の無駄づかいを防ぎ、定年まで貯金を続ける状態に自分を縛り付ければよい。

先日、妻が朝から大掃除を始めた。いつもは乱雑な化粧台のあたりの品物が跡形もなく消え去ったのを手始めに、リビングのソファやテーブルをすべて隅に片づけ、ふだんは手の届かないソファの下や敷居、ベランダや窓など、隅から隅までせっせと磨き上げていた。どうしたのかと聞くと、友達を家に招待したのだと言う。そして、見ていないで手伝いなさいと言ってかんしゃくを起こした。わたしが「友達なんだから、少しくらい汚くてもいいだろう。適当に片づけよう」と言うと、妻はこう答えた。「実は、友達を呼ぶために掃除をするんじゃないの。掃除をするために友達を呼んだのよ」

友達とは外でも会えるのに、あえて家に招待すれば、やりたくない大掃除も定期的にやることができる。「囲い込み技法」をうまく使えば一石二鳥だということを、妻はすでに知っていたのだ。絶対にやるべきことがあるなら、それをやるほかないよう、しっかりとくさびを打ち込めばよい。

「先生、どうかわたしを欠席扱いにしてください」

アップルの元ＣＥＯ、スティーブ・ジョブズは、自分の給料を１ドルにしたことがある。韓国のある銀行の頭取も、就任の際に月給を１ウォンだけ受け取ると宣言した。あるテーマパークの経営を任されたＣＥＯも、黒字が出るまで自分の月給を１００ウォンにすると宣言して話題になった。

スティーブ・ジョブズは、本当に1ドルしかいらなかったのだろうか？　彼は後に会社を建て直し、ストックオプションで数百万ドルの収入を挙げた。月給1ドルと宣言した韓国の銀行の頭取も、ストックオプションで多大な報酬を手にした。テーマパークの経営者もいまでは月給100ウォンどころか、数億ウォンの年俸を受け取っている。

彼らはなぜ、1ドル、1ウォン、100ウォンだけしかもらわないと言ったのだろう。あなたより欲が深くないからだろうか？　とんでもない。むしろふつうの人たちより、ずっと欲が深いからそうしたのだ。彼らは**望むことを確実に得ようとすれば、背水の陣を敷くのがもっとも効果的だ**という事実を誰よりもよく知っていた。

金持ちになりたいなら、まず遅刻する癖を直すべきだ。遅刻する癖を直すには、遅れても教室に顔を出せば出席扱いにしてくれる寛大な教授に、頭を下げてこうお願いすべきだ。

「教授、どうか欠席扱いにしてください。わたしは授業を聞くだけで満足です」

実際、わたしが担当する学生からこんなメールをもらったことがある。

「先生、わたしには授業に必ず何分か遅れる悪い癖がありました。以前は特に気に留めていませんでしたが、学期の初めに、教授から出勤時間と年俸の関係についてのお話を聞き、遅刻の癖を直すことを決心しました。いまはガールフレンドと約束して、毎朝、先に起きた方が相手にモーニングコールをかけることにしています。そして遅刻したら絶対に、出席にチェックをしてくれと教授に頼まないことにしました。自分から欠席扱いにしてもらうことにしたのです。遅刻の癖が直らない理由は、多少遅れても出席として認められることが原因だと気がついたからです」

わたしはこのメールをもらって、より多くの学生を助けたいと考えた。そして、その後の学期の初めの授業で、学生たちに「授業で1分でも遅れたら欠席扱いにする」と言い渡し、これに同意する学生だけに受講を許可した。

正しいというだけでは実行できないなら、どうにもならない理由をつくって実行すればよい。先日、禁煙のために囲い込み技法を見事に活用した主人公のひとりを、海外のトピックで見かけた。イギリスの元銀行員ジェフ・スパイス（58歳）は、禁煙のために家どころか電気も水もない完全な無人島、スカラバイ島に渡り、自分で火をおこし、テント生活をすることにした。彼は新聞売りをしていた13歳の頃からたばこを吸い始め、45年間にわたって毎日30本ずつたばこを吸ってきたが、これまでニコチンパッチや禁煙ガムなど、あらゆる方法を使っても、禁煙に成功できなかったのだ。

ついに彼は、たばことまったく縁のない無人島に行くことにした。彼は数種類の生活用品と120冊の本を収めたiPadだけを持って無人島に渡り、もし船でその島の近くを通ったときには汽笛を鳴らしたり手を振ったりして応援してほしい、そうしてくれたら自分の挑戦にとって助けになると冗談を言いながら、今回はきっと禁煙に成功すると大口をたたいた。

長い目で見ればいくら重要なことであっても、当面苦痛を伴うことなら何としてでも避けたいのが人情だ。いくらやめなければと思っていても、その瞬間は快感を得ることに心惑わされるのもまた人情だ。だから本当にやるべきことがあれば、自分を檻《おり》に閉じ込め、苦痛に甘んじてでも実行せねばならない。

だが、さまざまな誘惑に巻き込まれて目標を達成できなかったとしても、意志薄弱だと自分を責めるのはよそう。これまではビクトル・ユゴーや李外秀のように、渡るべきでない橋は焼き払い、渡るべき場所へ橋を架けるということができなかったに過ぎない。これから、やめるべきことへの橋を焼き、やるべきことへの高速道路を建設すればよいのだ。

不必要な電話が多くて仕事がはかどらないなら、いっそ携帯電話を持ち歩くのはやめよう。授業で発表するのが不安なら、「わたしがやります！」と手を挙げて、次の授業で発表を担当すると宣言しよう。ギターを習いたければ、まずは音楽教室に登録しよう。論文を書きたければ、教授にメールを送って週に1回ずつ進行状況を報告しよう。

元ソウル大学融合科学技術大学院教授で、現・国民の党総裁の安哲秀《アンチョルス》氏はこんなことを言っている。

「医大の教授として在職しながらコンピューターウイルスのワクチンを研究していたとき、最大の悩みはまさにワクチン開発に必要な最先端技術を学ぶ時間がないという点でした。そこで、こんなアイデアを考えました。出版社に電話して、最新技術に関する記事を連載させてくれと申し込んだのです。当時、まったく知識がない状態だったのでとても大変でしたが、常に尻に火が付いた状態なので、原稿の締め切りまでに資料を探して原稿を書くしかありませんでした。それをきっかけに、その分野に関して理解が深まり、おかげでさまざまな新しい仕事ができるようになりました」

やってはならないことがあれば、そちらへの逃げ道を断とう。やるべきことがあれば、何としてでもそれをするしかないよう、檻をつくろう。1～2か月たてば、自分が成し遂げた成果に驚くだろう。数年たてば、これまでの成果の大きさに気を失うかも知れない。

背水の陣を張って戦う人と、こっそり退路をつくっておく人とでは、多くの面で違い

が出る。目の色も違い、態度や行動も違う。その違いが、勝敗を分けるのだ。

あなたが必ずやり遂げなければならない決心は何だろうか？

あなたの夢を成し遂げるために、焼き落とすべき橋、沈めるべき船は何だろうか？

そして、あなたを閉じ込めるべき檻は何だろうか？

point

❶ 必ずやらなくてはならない仕事や、絶対に達成すべき目標があるのに、目の前の誘惑に巻き込まれたり、逃げ道があったりして、実行できないでいることを探してみよう。

❷ それをどうしてもやるしかない状況に追い込むための事前措置戦略を考えてみよう。

❸ 事前措置戦略のうちひとつを選んで、いますぐ実行し、その結果を書いてみよう。

セイレンの歌に打ち勝ったオデュッセウス

トロイ戦争で勝利したオデュッセウスは、愛する家族の待つ故郷への帰り道で、魔女キルケの誘惑にはまり、家族を忘れて彼女と同居することになった。ようやく我に返ったオデュッセウスは、キルケが止めるのも聞かず、再び故郷に向かって船を出す。だが、故郷に行くには必ずセイレン姉妹の島の脇を通らねばならない。セイレンとは、甘い歌声で船乗りを誘惑して捕って食う海の怪物である。

オデュッセウスはセイレンの歌が聴こえないよう部下たちの耳をろうでふさぎ、自分の体を鎖で帆柱に縛り付けて航海を始めた。島にさしかかると、セイレン姉妹はいつものように甘い歌で船員を誘惑した。魔法にかかったようにセイレンの誘惑に落ちたオデュッセウスは、足をバタバタさせながら鎖をほどけと部下に命令したが、耳をふさいだろうのおかげで誰にもその命令は聞こえず、無事に島から逃れることができた。ちなみに非常警報を意味する「サイレン（Siren）」という単語は、誘惑を象徴する海の怪物セイレン

（Seirēn）からきている。

いまあなたの目標達成を邪魔しようと誘惑しているセイレンの歌は何だろうか？

それに備えてあなたが準備している耳栓と鎖は何だろうか？

17

「効率」と「効果」の違いを知る

価値の高い仕事をしよう

必死で勉強しているのに成績が上がらない高校生

「わたしは徹夜で勉強しています。先生の話をひと言も漏らさずメモしています。わたしほどノートの整理をきちんとやっている学生は、たぶんうちのクラスにはいないでしょう。
なのに、なぜ成績が上がらないのでしょうか?」

毎日働きづめなのに、預金残高がゼロに近い40代のサラリーマン

「手当たり次第にアルバイトをしました。就職してからはふたつも3つも仕事を掛け持ちして、夜遅くまで働きました。脇目もふらずに仕事ばかりして、本当に一生懸命に暮らしています。でも、少しもお金がたまりません」

死ぬほど働いても暮らしが楽にならない理由

あるテレビ局の番組では、さまざまな分野の達人が登場する。彼らの才能を見ていると、感心することも多い。生涯をひとつのことにささげて達人の境地にいたった人たちを通じて、いろいろなことを感じるのだ。彼らはみな楽天的で、自分の仕事に愛情を持って楽しく働いている。

ある達人が言った言葉が、いまも耳に残っている。

「自分の代で貧乏生活を終わらせたくて必死で働いているうちに、この仕事でなら誰にも負けない達人になりました。ところがひとつ問題なのは、わたしがいまだに貧しいという点です」

どんなことでも、一生懸命にやって他人よりうまくなれば、得られるものも多いだろうと考える人は多い。だが残念ながら、それは錯覚である場合が多い。**「効率(Efficiency)」と「効果(Effectiveness)」はまったく違うもの**だからだ。

効率的に働くことは、成果と関係なく仕事を経済的に行うこと、すなわち熟練することを意味する。一方、効果的に働くということは、成果や寄与度を高める仕事をすることを意味する。
多くの人が効果を考えずに、ただ熱心に働いている。だから世の中は死ぬほど働いても望むものを手に入れられない人でいっぱいだ。誰よりも熱心に働き、誰よりもその仕事に熟達しているのに、望むものを得られないとしたら、それは価値や寄与度が低い仕事を選んだためだ。だから、効果を得られないのだ。**効率と効果の違いを認識した瞬間から変化が生まれ始める。**

〈効率と効果の違い〉

①効率（Efficiency）：投資した努力と結果の比率、つまり仕事をどれだけ多く、どれだけ早くできるかで測定される。効率と成果は別次元の問題なので、効率が高いからといって、必ずしも成果が保障されるわけではない。

②効果（Effectiveness）：現実の成果や寄与度に直結する中心的な役割の仕事をどれだけよくやったかという尺度。効果が高い仕事をするということは、成果を出せる仕事や寄与度が高い仕事をよくやったということだ。

ただ仕事を一生懸命にしたというだけで満足してはならない。仕事を早く、たくさんしたというだけで満足してもならない。何をしたかの方がずっと重要なのだ。

価値のない仕事をせっせとしたからといって、価値が上がるわけではなく、重要でない仕事を効率的にしたからといって、その仕事が重要になるわけでもない。世の中には、もっと少なく働いていながら、もっと多くのものを手に入れる人々、そして、余裕のある豊かな人生を送っている人たちがいる。彼らは常に効率より効果を優先して考える。

無理な執筆作業で、しばらく腰痛に苦しんだことがある。そこで、腰痛治療のために町のサウナでスポーツマッサージをしてもらった。マッサージ師がうまくツボを押してくれるので、すぐに治ってしまいそうなくらい気持ちがよかった。彼に経歴を聞くと、12年目だと言い、もうマッサージに熟練してすっかり安定しているので、他の仕事をすることができないという。

お客さんがいないときはいつもパソコンでトランプゲームに夢中になっている彼を見ながら、わたしはこんなことを思った。

「お客さんがいなくて手が空いているこの時間、もしインターネットで起業に成功したケースを探したり、経済・経営関連書を読んだりすれば、数年後にこの人はスポーツマッサージのビルのオーナーにだってなれるかも知れないのに……」

徹夜で勉強をしても成績が上がらないとしたら？

優れた才能を持ち、人よりたくさん働いているにもかかわらず、成果が上がらず、自分自身や自分が属する組織に寄与することがほとんどないとしたら？しばし仕事の手を休めて、自分の一日をじっと振り返ってみよう。効果が低いことばかりに必死になってしまってはいないか、考えてみる必要がある。

付加価値の低い仕事に踊らされてはいけない

人よりせっせと働く。スピーディーに多くの作業を処理する。それでも自分自身や組織に大して寄与できていない人が多い。それは、効果のない仕事を効率的にやっているだけだからだ。

人より勤勉で、常に走り回っていながら成果が出ないとしたら、自分がしている仕事をもう一度検討してみるべきだ。精力的に仕事をしても組織に変化が起こらなければ、いままでとは違う角度からその仕事を見てみるべきだ。

一生懸命やっていても成果が上がらない人や組織には、いくつかの共通点がある。まず、難しい仕事よりも簡単で慣れた仕事を選ぶ。次に、効果より効率のことを考える。そして、長期的な成果より目の前の結果に焦点を合わせる。

重要でないことに大切なエネルギーを注ぐのはやめよう。意味のないことに利用価値の高い時間を使うほど愚かなことはない。自分が時間とエネルギーを主に使うべき仕事は何か。簡単で慣れているから、それほど努力しなくてもできる仕事なのか、あるいは、いまは難しいけれども将来的に大きな成果が上がる仕事なのか、見極めなくてはならない。昨日とは違う明日と、人並みでない人生を望むなら、次の前提条件を満たす必要がある。すなわち、昨日よりも多くの成果を出せる仕事を選んで、人並み外れた努力をしなければならないということだ。**人がしていることを昨日と同じようにやって生きていれば、絶対にいまある以上の人生を送ることはできない。**昨日と違う明日が来るはずもない。

易しい科目の代わりに、単位を取るのは難しくても重要な科目を選択すれば、よりよい未来を迎えることができる。簡単で楽なアルバイトの代わりに、本当に働きたい分野の職場でただ働きをしてみれば、ずっと容易に望みの職に就くことができる。手慣れているからという理由でいつものおかずばかり作るより、実験精神を発揮して毎回新しい方法で料理をしていれば、家族の健康を守ることは言うまでもなく、高級レストランのオーナーになることもできる。同じテーマについてばかり話す講義を減らし、執筆活動に時間を割けば、もっと多くの付加価値を生むこともできる。

〈あなたはどこに属するか？〉

①低い効果&低い効率：簡単なこと、付加価値や寄与度が低い仕事を主に選ぶ。だが、並外れて多くの仕事をしたり、うまくやることもできず、常に後れをとる。頑張って仕事をしても、特に得られるものはない。

②低い効果&高い効率：与えられた仕事は人よりうまくこなすが、大きく成功できない。仕事がよくできると褒められ、しばしばその分野の達人と評価もされるが、それでも経済的・時間的に余裕のある生活を送ることはできない。

③高い効果&低い効率：価値の高い仕事を選び、多くの時間とエネルギーを割いているが、すぐには効果は表れない。だが、努力を続けていけば「高い効率&高い効果」のグループに入ることができる。長期的な潜在成長力が非常に高い。

④高い効果&高い効率：人にはなかなかできないこと、にもかかわらず価値が高い仕事を効率的にするので、走り回らず余裕のある生活をしながらも、より高い成果を上げることができる。自己管理能力が高く、幸福度と所得水準も非常に高い。

効果的な仕事を見極めるための「問い」とは？

効果的とは、たとえば目的地がソウルならソウルに行くことであり、非効果的とは、ソウルとは全然関係のない場所に行くことだ。いくら一生懸命に、どれだけ速いスピードで走っても、目的地と違う場所に行ったら何の意味もない。熱心に勉強をしても成績が上がらない学生、いつも忙しいのに結果が出ないサラリーマン、並外れた才能を持っていても一生苦労を続ける人たち……残念ながら、彼らはみな効果が低い人々だ。

非効果的な人ほど、現在の視点から状況を見ながら、単に慣れていたり簡単だという理由だけで仕事を選ぶ傾向がある。一方、**効果的な人ほど、未来の視点に立って、価値を生んだり寄与度の高い仕事を選ぼうとする。**

彼らは何をするにつけても、戦略の段階から常に効果のことを考える。実行段階でも、その仕事がどんな結果を招くか、より効果が大きな仕事は何かについて、常に自分に問いかけながら仕事をする。彼らはたいてい、次のような質問を自分にぶつける習慣を持っている。

❶自分はいまどんな仕事をしているのか？

非効果的な人はただ惰性で仕事をするが、効果的な人は何も考えずに仕事をすることはない。彼らは時々立ち止まって、自分がどんな仕事をして一日を過ごしているか点検しながら、その仕事を通じて得ようとしているものが何かを問い続ける。

❷自分がしている仕事は成果や寄与度にどれほど直結しているだろうか？

この問いは非常に重要だ。実際、多くの人は自分がしている仕事がどんな結果を招き、成果とどれほど結びついているかを考えずに働いているため、成果と関係のない仕事にあまりに多くの時間とエネルギーを浪費している。効果的な人は仕事が満足に回っているときでも、より効果が高い仕事がないか、常に探し求めている。

❸自分がしていることで、成果に結びつかない、あるいはかえって妨げになるものは何か？　その代わりに今後もっと力を注ぐべきものは何か？

効果的な人は常に期待値と結果を見比べながら、長期的な視点ですべきでない仕事を減らし、代わりに付加価値と寄与度の高い仕事に、より多くの時間と努力を傾けようとする。

効果的な人生を生きたければ、効果的な人が持っている習慣を自分のものにすればよい。

いましている仕事のうち、効果と寄与度の低いものは何だろうか？

より豊かな人生を送るためにいまからより多くの時間とエネルギーを注ぐべき効果の高い仕事は何だろうか？

point

❶ 効果と寄与度が低い仕事を選んでいるがゆえに人生に満足できないでいる人は誰か、探してみよう。
❷ あなたがしていることの中で、付加価値と寄与度が低いもの、つまり効果が劣るものを探してみよう。
❸ 長期的に見て、今後より多くの時間を注ぎ込むべきことをひとつ選び、すぐに実践できることから行動に移してみよう。

18年間の努力にふさわしい仕事

「先生、わたしは水の上を歩いてガンジス川を渡れるようになりました」と、ある修行者がインドの宗教的指導者であるラーマクリシュナのもとを訪れて、鼻高々に自分の修行の結果を報告した。じっと目を閉じていたラーマクリシュナが尋ねた。「で、何年修行したのじゃ?」「18年かかりました」と弟子が答えた。師が再び聞いた。「では、ガンジス川を渡る船賃はいくらかな?」「18ルピーと聞きました」と弟子は答えた。この言葉を聞いたラーマクリシュナは修行者に言った。「そなたは18年努力して、やっと18ルピー稼いだわけだ」

水の上を歩くこと自体は、それほど重要ではない。それによって何を得たかの方が、ずっと重要だ。人間がいくら速く走っても、チーターに追いつくことはできない。いくら修行をしても、アメンボのように水の上を歩くことはできない。あなたがやるべきことは、チーターのように走ることではなく、アメンボのように水の上を歩くことでもない。あなただけにできる、もっと重要なことがあるはずだ。

あなたがこれから18年の時間とエネルギーをかけるべき付加価値の高い仕事、世の中の役に立つ仕事、人並み外れた成果を上げられる仕事は何だろうか？

18

いかなるときも目標から目をそらさない

ゴールについて考える時間を確保する

受験勉強に手が付かず毎日遊んでばかりいる高校3年生

「高校3年生です。大学に進学するつもりですが、朝5時に起きようと目覚まし時計をいくつかセットしても、起きられるのはやっと7時になってからです。昼間も眠くてたまりません。家に帰るとすぐに眠くなってしまいます。5分だけ休もうと横になると、いつの間にか眠ってしまいます。いくら勉強しようと決心しても、20分もするともう目が疲れ、次第に姿勢が崩れていきます。体をひねってみたり、イスに足を乗せてみたりを繰り返しても、1時間もせずに飽きてきて、集中できません。少し気分転換でもしようとインターネットを見ると、気づいたときには2時間もたっています。そんな調子で夜更かしして、翌朝は起きられません。血液型がA型だから誘惑にかられやすいのでしょうか?」

障害物が目に入るのは、目標から目をそらすからだ

交通事故をよく引き起こすのはどんな人だろうか。注意力が散漫な人だ。彼らはエンジンをかけるやいなや、ラジオやCDプレーヤーのスイッチを入れる。走行中もしきりにカーナビゲーションなどの機械をいじり、携帯電話やメールのやり取りをする。同乗者と大声で話したり、よそ見をしたりして、隣の車のドライバーや道端の歩行者にまで視線を向ける。このように、よそ見をするというのは、障害物が目に入るということだ。障害物が目に入るというのは、目標から目をそらしたことを意味する。

テレビやパソコンのせいで勉強ができないというなら、それは勉強という目標から目をそらしたためだ。夜食の誘惑に陥ったなら、それもダイエットという目標から目をそらしたためだ。

コロンビア大学のある研究結果によれば、大半の営業マンが営業に直接関係する重要な仕事をする時間は、驚くことに一日平均1時間~1時間30分に過ぎないという。通常、最初の営業の電話をかけるのが午前11時で、最後の電話は午後3時30分頃だ。その間はほとんど同僚とおしゃべりをし、コーヒーを飲んだり新聞を読んだりしているのだ。も

ちろん、これはあくまでも研究の対象となった営業マンの平均的な生活スタイルだが、あなた自身が一日をどう送っているか振り返る際のよい資料になるだろう。

心理学者のリチャード・カールソン（Richard Carlson）は、目標について考える時間と目標達成レベルに非常に密接な関係があることを、カウンセリングを通じて確認した。お金を稼ぐ方法について毎日1時間ずつ考える人は、2年後に本当に財産が目に見えて増えたというのだ。

韓国で初めて大学の正式科目として金持ち学講座を開設した韓東哲《ハンドンチョル》教授は、彼の著書でこう述べている。「金持ちは一日24時間のうち目を開けている約17時間を、金持ちになろうという『金持ちの視点』で生活している。ところがふつうの人は1時間くらいしか考えない」

サッカーからゴルフまで、すべての球技にはひとつの大原則がある。「球から目を離すな」ということだ。**望むものがあれば、そこから目をそらしてはならない**。幸福な人は幸福な出来事と幸福になれる方法を考えながら時間を過ごす。ところが、不幸な人は不快な出来事、不愉快な人たちのことを考えながら、大部分の時間を過ごす。

子どもとの関係に悩んで相談に来た母親に、こんな質問をした。「一日にどのくらい子どもについて考えていますか？」

彼女は、「ほとんど一日中、子どもについて考えています」と答えた。

具体的にどんなことを考えているかと確かめると、こんな答えが返ってきた。「いったい前世に何の罪があって……」「よりによって、なぜあんな子が自分の子として生まれたのか……」「あの子さえいなければ……」

わたしは彼女に子どもとよい関係をつくりたければ、それが実現するようなことを考えるべきだと言って、次のようなことについてどれほど考えるかを再び聞いた。「自分がまだ知らない我が子の長所は何だろうか？」「この子との壁を壊すために自分ができることは何だろうか？」「我が子が自分から聞きたい言葉は何だろう？」

わたしの話を聞いていた彼女は、ため息をついて「そんなことは考えたこともありませんでした」と言った。

望むものを手に入れたければ、望まないこと、避けたいことについてではなく、望むものとそれを手に入れる方法について考える時間をもっと増やさなければならない。

先日、はやっていない近所の焼肉屋の主人と話す機会があった。あれこれ話すうちに、お客さんが来なくて大変だという彼に、こう尋ねた。「お客さんが来ない理由と、店に来たくなるような方法を全部探して、箇条書きにしたことがありますか？　どうすれば一度来たお客さんがまた来たくなるようにできるか、半日ほど知恵を絞ってみたことはありますか?」思った通り、彼はすぐには答えられなかった。彼はふだん暇さえあれば、隣にできたレストランの悪口を言ったり、政府の政策について不平を言うか、そうでなければテレビを見て過ごしていたのだ。

後ろを振り返るのは、行き先が決まっていないからだ。他の異性に目が向くのは、パートナーから目をそらしているからだ。目標を達成できない人には、いくつかの特徴がある。第1に、目標に対する切実な動機がない。第2に、誘惑に振り回されやすい。第3に、目標を忘れて過ごす時間が多い。

望むものを手に入れたいのについ誘惑に負けてしまうときは、ヘンリー・フォードの次の言葉を思い出そう。

「障害物とは、あなたが目標から目をそらしたときに現れるものだ。目標に目を向けていれば、障害物は見えない」

たまに仕事の手を休めて確認しよう。

いまやろうとしている仕事は、自分の目標とどんな関係があるだろうか?

アンテナを高く立てればヒントは勝手に集まってくる

わたしがある広告代理店の関係者に会ったとき、彼がこんな話をした。「最初はアイデアが浮かばず、本当につらい思いをしました。ですが何年間も、本を読んだり食事をしたりしているときはもちろん、酒を飲んでいるときも、目を覚ましている時間は必死で広告のことばかり考えていたところ、だんだんアイデアが頭の中に浮かぶようになりました」

ある分野で頭角を現した人たちには、共通点がある。**目標がはっきりしていて、寝ても覚めてもその目標から目をそらさないという点だ。**

ハンガリーのサッカーの英雄、フェレンツ・プスカシュ（Ferenc Puskas）は、優勝のコツを尋ねられて「わたしは多くの時間をサッカーに費やしている。球を蹴ることができなければ、サッカーについて話をする。サッカーの話ができなければ、サッカーのことを考えている」と語っている。彼は起きている時間のほとんどを、サッカーのことを考えて過ごしていた。そうしてサッカー界の名人となった。

85歳で息を引き取る直前まで、４０００回以上もコンサートをした鍵盤の獅子《しし》王、ウィルヘルム・バックハウス（Wilhelm Backhaus）に記者が尋ねた。「先生、演奏しないときは主に何をされていますか？」その記者をじっと見つめていた彼は、ぶっきらぼうに言った。「演奏に備えて練習をしているさ！」

小学校も卒業していないのに、62個もの国際発明特許を取得し、大韓民国勲章を２回、発明特許大賞を１回、さらに蔣英実《チャンヨンシル》国際科学文化賞を５回も受賞し、超精密加工分野の名匠として推戴された金圭煥《キムギュファン》氏はこう言っている。「一日中見つめて考えに考えれば、解答が現れます。加工機械をどうすれば改善できるか３か月にわたって思い悩み、夢の中で解答を得て解決したこともありました」

「之之之中知　行行行中成」という言葉がある。**とにかく進んでみれば理解でき、とにかく行ってみれば成功する**という意味だ。目標について考え続ければ方法が見つかり、やり続ければ目標を達成できる。結局、わたしたちは自分が毎日考え、行っている通りの人間になる。

いまから２３００年余り前、アリストテレスはこう言った。「自分が望んでいることを頭の中で生き生きと描けば、全身の細胞はすべてその目標を達成する方向に調節される」

しっかりした目標を立てれば、そのときからすべてが変わり始める。出会う人と立ち寄る場所が変わる。どんな本や記事を読むか、どんなテレビ番組を見るかが変わり、会話の中身も変わる。最初に目標を立てるのはあなた自身だが、いったん目標が立てられると、今度は目標があなたを引っ張っていく。

ひとつの目標に集中すると、脳の網様体の高性能フィルターにスイッチが入る。そして目標に関係するものに対しては敏感に反応し、それ以外は目に入らないようになる。

あるブランドの車を買うことに決めると、以前は気づかなかった事実に気がつく。「いったいどこからこんなにたくさんの車がわいてくるのか」と思うほど、車が多いという事実だ。だが、それらの車は以前から変わらず周囲にあった。関心がなかったため、目につかなかっただけだ。

ある目標に集中すると、人間の脳は目標と関連したものだけに強く反応し、それ以外の刺激を無視するようになるが、これを**「選択的注意集中（Selective Attention）」**という。

いつかわたしのように本を書くことが目標だという学生から質問を受けた。「教授、その場その場でやるべきことがたくさんあるのに、目標から目をそらさないようにするにはどうすればいいですか？」

そこでわたしは、彼に今日の夜にやるべきことは何か尋ねた。彼がガールフレンドと映画を観ることにしたと言うので、わたしはこう言ってやったのだ。「ならば映画を楽しみなさい。本を書くときにその映画をどう生かせばいいかを考えながら」

目的意識を持って生きるというのは、目的だけを考えて他のことをするなという意味ではない。どこで誰と何をしていようが、それを目標と関連づけて、目標の手綱から手を離すなという意味だ。**あなたの周囲には目標達成を助けてくれる素材がまるで電波のように満ちている。そしてあなたがアンテナを立てさえすれば、それらはあなたの目標達成を助けるために超スピードで集まってくる。**目標から目をそらさない人、目標のアンテナを高く立てた人は、周りからどんなに妨害があっても、望んでいる周波数を集めることができる。

わたし自身、執筆や講義の準備のためにひとつのテーマを深く考えていると、ある瞬間からアイデアがわき始めることがある。テレビや新聞記事、道を歩く通行人の会話など、世界のあらゆることが、わたしにそのテーマについて語りたくてたまらないように働きかけてくる感じを受ける。

ひとつのことを長く考え続けていれば、周りの環境すべてが優秀な師匠になり、世界があなたに何かを教えてくれようと語り出す。目標の手綱を放さないようにすれば、それと関係した情報がまるで磁石に引っ張られるように集まってくるのだ。

学生たちに、目標から目をそらさないためにできることを探してみよ、と言うと、いくつか考えてからすぐにあきらめてしまう。だが、時間をかけて努力を続ければ、カーペットからパンくずを拾うときのように、最初は埋れていたアイデアがあちこちから浮かび上がってくるのだ。

小学生の頃、美術の時間に街路樹を描こうとして困ったことがあった。どうしてもうまく描けない。すると先生がこう言った。「街路樹をうまく描けないのは、それをちゃんと観察していないからだ。しっかり観察してから、見た通りに描いてごらん」と。まったくその通りだった。わたしは長い時間をかけて観察し、うまく街路樹を描くことができた。

絵をちゃんと描こうとしたら、その対象をしっかり観察しなければならない。同様に、方法を探そうとするなら、辛抱強く時間をかけて考えなくてはならない。

次の文面を読んでみてほしい。わたしの講義を聴いて以来、目標に集中するために努力しているという、ある就職活動中の学生から送られてきたメールだ。

「パソコンを立ち上げると真っ先にインターネットの記事を探す癖があります。コメントを見ていると、次々と読みたくなる記事が現れます。ブラウザのスタートページをポータルサイトに設定しているからです。そこで、インターネットの時間を減らして勉強時間を増やすために、スタートページを自分が就職したい会社のホームページに設定し、デスクトップの背景画面にその会社のロゴを入れました。

いま就職活動をしているのですが、一度とても勉強が大変なときに、夜中にその会社の本社ビルまで行きました。そしてそのビルの玄関を入って出勤する自分の姿を想像しました。絶対にこの会社に入社してやるという誓いを忘れないためです。また、その会社は外資系企業なので、英語で考える習慣を身につけなくてはなりません。そこで自分に『Think in English!』というメールを定期的に送るようにしています」

一日「15分」だけ10年後のために使おう

毎日時間を決めて、目標について考える時間を持とう。毎朝目を開けたらすぐに、目標のことを考え、やるべきことを思い起こそう。ベッドに入るときも、目標について考えながら、その日に何をしたかチェックしよう。一日のうちで一定の時間を決めて、目標について考えるようにしてもいい。考える時間を決めておけば忘れる心配がない。野球選手のハンク・アーロン（Hank Aaron）はこう言っている。「毎日練習に打ち込んでいると、ある日、野球のボールがスイカのように大きく見えるようになるんだ」

目標を達成するには、目標が視野から離れないようにすべきだ。また、目標達成が簡単に感じられるようにするには、毎日それに関連したことをやらなくてはならない。成功する人は、いくら忙しい毎日を送っていても、将来の夢に導いてくれる〝北極星〟を心の中に持っている。

人間は目の前に迫った小さなことは過大評価する一方、10年後の重要なことは過小評価する傾向がある。**会わなくても困らない友達に会い、どうでもいいおしゃべりに夢中になり、送らなくてもいいメールを送るのに時間を使いながらも、10年後の未来のためにそれだけの時間を投資しようとする人は意外に少ない。目の前の小さなことが、目に見えない「未来のために重要なこと」を隠しているからだ。**

やかましく鳴る電話をいますぐ取らねばならず、目の前にいる上司から命じられた緊急の仕事に最善を尽くさねばならない。だが、いくら忙しくても、未来のことを考える時間をつくらねばならない。目標と関連した記事をひとつでも読み、その分野の本を1ページでも読もう。自分で起業したければ、毎日ひとりずつでも特別な関係をつくるために努力しよう。

10年後に本を書きたければ、一日に15分ずつでも資料を集め、アイデアを整理しよう。20年後に幸せな老後を送りたければ、いま配偶者と子どもにどう接するべきか考える時間を持とう。

目が回るほど忙しくても、毎日少しは立ち止まって未来のことを考える時間を持たなければ、いつかふと鏡をのぞくと、みすぼらしい老人と対面することになるだろう。そしてあなたは、こうつぶやくかも知れない。「これが自分の人生の結末なのか？」

一日に15分ずつ、10年後を準備する時間として蓄えよう。自分の未来のため、一日の時間の1％だけは絶対に誰にも奪われないようにしよう。

目標から目をそらさないための3つのトリガー

何か大きいことを成し遂げた人たちは、目標から目をそらさないための独自の方法を持っている。それは、目標を忘れないための一種の「刺激」だ。

この、目標行動を呼び起こす刺激を「触発刺激（Prompt）」と呼び、次の3つのパターンがある。

ひとつ目は、**言語的・常識的触発刺激（Verbal & Symbolic Prompt）**だ。

禁煙しようとするなら、禁煙誓約書をつくり、公開の場に貼り出して大々的に宣言しよう。やるべきことを忘れないようにするには、送信予約サービスを使って自分にメールを送り、パソコンの壁紙や携帯電話の待ち受け画面にやるべきことのリストを貼り付けよう。

百科事典の営業マンから、財界トップ30位に入るウンジングループを率いる立場にまで上り詰めた尹錫金《ユンソックム》会長は、いまも毎朝「わたしの信条」を読み上げることから一日を始める。

アメリカのビル・クリントンは執務室に小さなガラス箱を置いていた。その中には、ニール・アームストロングが月から持ってきた小さな石ころが入っていた。クリントンは理性を失いかねない状況に直面すると、36億年前につくられたこの月の石を見ながら、長期的な視野で状況を見据え、心を落ち着かせたという。ある目標を忘れずにいたければ、あなたは月の石の代わりに、ポケットに碁石をひとつシンボルとして忍ばせておき、それに触れるたびに目標を思い起こせばよい。

ふたつ目は、**状況的触発刺激（Situational Prompt）**だ。

目標に関係する記事をスクラップし、就職したい会社の写真を机の前に貼ってみよう。ダイエットしたければ、ブタの絵を冷蔵庫に貼って、食べ物を出そうとするたびに「このブタ！　また食べるの？」と叫ぼう。パソコンの使いすぎで目が悪くなって定期的に休憩を取らなければならないのなら、自動的に時間を知らせてくれるパソコンのタイマープログラムを使えばよい。母親とケンカしたくなければ、その決心を忘れないために指輪をはめて、母親と電話するたびにその指輪を見つめよう。笑顔を増やしたければ笑っている写真を壁にかけ、スポーツを長続きさせたければ楽しい音楽をかけながらやろう。実際、音楽を聴きながらスポーツをすると、平均15％以上も長続きする。

3つ目は、**社会的触発刺激（Social Prompt）**だ。

同じ目標を持つ人と一緒にいると、目標を忘れる可能性は小さくなる。勉強したければ、勉強のできる友達と付き合い、金持ちになりたければ金持ちになりそうな人と付き合おう。スリムな人と一緒にいればスリムになり、太った人と一緒にいれば太る可能性が高い。

事実、ハーバード大学医学部のニコラス・クリスタキス（Nicholas Christakis）教授の研究チームが32年間にわたって1万2067人を対象に行った調査結果によると、自分の友人が太っているとつられて太る確率が、太っていない友人を持っている場合よりも57％も高いという事実が明らかになった。ゲーテもこんな言葉を残している。「あなたが誰と交際しているか教えてくれれば、あなたがどんな人間かを言い当ててみせよう」

何を望むのか、目標をはっきりと決めよう。目標から目をそらさず、目標の手綱を放さないようにしよう。目標が確実に頭の中に溜まっていれば、不思議な力がわいてくる。

ウサギとカメの競走で、カメが勝ったのはなぜだろうか。ご存じのように、ウサギがカメに油断して昼寝をしたからだ。だが、この話は少し違った角度から見る必要がある。カメが勝った本当の理由は、ウサギがライバルのカメにだけ注意を向けていた反面、カメはただゴールである山の頂上に登って旗を立てることだけ考えていたからだ。もしカメがライバルのウサギを意識していたら？　――はなからこのゲームには参加すらしなかっただろう。

周囲のライバルを見て一喜一憂することなく、一歩一歩進んでいるあなたが旗を立てたいのは、どの山の頂上だろうか？　目標から目をそらさず、毎日何かに向かっているあなたの5年後、10年後の夢は何か、考えてみてほしい。

point

❶ 目標を立てたり決心をしたりしても、他のことにかまけて忘れてしまい、実行できない状況を振り返ってみよう。
❷ いまからでも絶対に達成したい目標をひとつ思い浮かべてみよう。
❸ その目標から目をそらさないために自分が活用できる方法をひとつ探して、すぐに実行しよう。

「ならば矢を射よ！」

ライオンは捕らえやすい獲物が現れても、一度狙った目標を変えない。選択と集中がライオンをライオンにする。ビジネスも人生も同じ！

ある弓の名手がふたりの弟子とともに森へ行った。ふたりの弟子は弓を引いて、遠くにある的に向かって矢を射る準備をした。そのとき師匠がふたりを止めて、何が見えるか尋ねた。

ひとり目の弟子が答えた。「上には空と雲が見え、下には地面と草原が見えます。森にはクヌギ、クリ、マツの木も見えます。それから……」

師匠は彼の言葉をさえぎった。「弓を下ろせ。今日のお前は、矢を射る準備ができておらん」

そして、ふたり目の弟子に尋ねた。「お前には何が見える？」

「的の中央にある点以外には何も見えません」

「では、矢を射よ！」

彼が放った矢は的の真ん中を貫いた。

（『幸福な同行』２００５年12月号より）

今後あなたが目をそらしてはならない、自分の人生でもっとも重要な目標は何だろうか？

19

雨が降るまで雨ごいをしよう

臨界点は必ずやってくる

軽口が災いして親友をなくし、悲しみにくれる20代のサラリーマン

「何気ない気持ちで友人の陰口を言ったところ、彼がそのことを後で知って、とても怒りました。いつもの彼らしくない調子で大変なけんまくだったので、わたしも面食らって思わず激しい言葉で言い返してしまいました。

あれから何度か謝りましたが、許してもらえません。謝れば謝るほど、友人の心はかたくなになるばかりです。その後も何度か仲直りしようとしましたが、彼は受け入れてくれず、わたしもだんだん疲れてあきらめてしまいました。ですが、とても仲のよかった友達なので、何年かたったいまでも、あのときのことを思い出すと心が痛みます。教授、どうすればいいでしょうか」

営業マンは何回断られたらあきらめるか？

いくら努力しても成果が表れないとき、いくら真心を尽くしても相手に伝わらないとき、こうつぶやきながら、あきらめる人は多い。

「やるだけやったんだ。もうしかたがない」

「あ～あ、もうやめた！」

そう言って手を引くのだ。

ところが、人生ではこんなことを思うことも多い。「もう1度だけねだられたら会ってやろうと思ったのに……」「もう1度だけ謝れば許してやろうと思ったのに……」「もう1度だけ頼まれれば聞いてやろうと思ったのに……」

つまり、途中であきらめた人たちは、あきらめることを決心したとき、成功が目の前に迫っているという事実を知らなかったのだ。

営業マンは一般的に何回断られたらあきらめるのだろうか。アメリカのマーケティングリサーチ会社のダートネル（Dartnell）の調査結果によると、1度断られただけでその顧客をあきらめてしまう人は48％にも上った。2度断られてあきらめた人は25％、3

度まで声をかけてあきらめる人は15％だった。結局、3度断られると88％の営業マンがそのお客さんをあきらめるのだ。つまり、3度断られてもまだあきらめない人は、わずか12％に過ぎないという結論が導かれた。

では、3度以内の拒否であきらめてしまった88％と、残りの12％の営業マンのうち、どちらの売上が多いだろうか。言うまでもなく12％にあたる後者の方だ。彼らが売上全体の80％以上を占めている。

この調査結果を見て、あなたはどんな結論を下すだろう？

「あきらめずに粘り強く挑戦すれば、より多くのものを得られる」というのがあなたの下した結論なら、それだけでは十分ではない。思考の範囲をもう少し広げてみよう。ヒントは、途中であきらめた人とチャレンジを続ける人の心理的メカニズムの違いは何かというところにある。

ほとんどの人は人間関係であれビジネスであれ、何度か試みても相手の態度が変わらなければ、これからも変化がないと判断する。そこでこれ以上の努力は無意味だと考え、チャレンジをあきらめる。

ところが、少数の人たちはそれと異なる対応をする。難攻不落の砦《とりで》のように動かない人に接するときも、あきらめずにチャレンジを続ける。

彼らは、相手が表向きにはまったく動かないように見えても、チャレンジするたびに内側では少しずつ変化が起こっていると信じている。**あきらめずに努力を続ければ、必ずいつかは相手の態度が変わる瞬間、つまり臨界点（Critical Point）に到達するときが来ると考える**のだ。

目の前にある「臨界点」を見逃すな

わら1本で象の背中が折れることがあるだろうか。そんなバカな、と思うだろう。だが、いま言った「臨界点」を仮定すれば、十分ありうる話だ。

わらを1本だけ象の背中に載せても、象はまったく重さを感じない。ところが、2本、3本と載せていけば、いつか象がこれ以上耐えられない瞬間がやってくる。その瞬間、わらを1本追加すれば、象は耐えられずに倒れる。まさにこの瞬間を臨界点という。

蒸気機関を動かすには、水を熱して水蒸気をつくる必要がある。0℃の水に熱を加えていき、10℃、20℃、30℃……いくら熱を加えてもそばで見ている限り、それはただの水だ。99℃になるまでは質的に何の変化も起こらない。99℃から100℃になった瞬間、液体だった水は一瞬にして質的な変化を起こし、気体になる。これが臨界点だ。

竹の中でも最高とされる孟宗竹《もうそうちく》は、種をまいてから5年間はいくら水をやっても芽が出ない。ところがその時期が過ぎたある日、指ほどの大きさのタケノコが顔を出し、生長期の4月になると突然、日に80センチメートルずつグングン伸び始める。孟宗竹がそんなふうにある日を境にグングン伸びることができるのは、5年間という長い歳月をかけて、土の中で人知れず生長の準備をしてきたからだ。

勉強でも、ビジネスでも、人間関係でも、成果を上げるためには、それにふさわしい準備期間が必要だ。臨界点の原理は原子反応のようなミクロのレベルから、植物の生長、人生の成功のステップにいたるまで、あらゆる物理的・精神的な変化のプロセスに当てはまる一般的な現象だ。

臨界点に到達する前は、いくらエネルギーを加えても目に見える変化は表れない。だから多くの人が成功を目の前にしてあきらめてしまう。失敗する人には共通点がある。世の中のすべての変化には臨界点があるという事実に思い当たらないという点だ。あきらめた瞬間、成功が目の前まで来ていた事実を見逃してしまうのだ。

雨ごい師が必ず雨を降らせられる訳

1997年から2006年までの10年間に310兆ウォン〔約27兆5000億円〕を稼いだ『ハリー・ポッター』シリーズの著者ジョアン・ローリング（Joanne Rowling）は、初めて本を出版するまで12の出版社から断られ続けた。世界47以上の言語に翻訳されて累計で1億部以上も売れたジャック・キャンフィールド（Jack Canfield）とマーク・ハンセン（Mark Hansen）の『こころのチキンスープ』も、出版されるまで33の出版社から断られた。

100編以上の小説を書き、2億人以上もの人にその作品が読まれたルイス・ラムーア（Louis L'Amour）は、最初の原稿が350回もボツになった。後に卓越した功績を認められ、作家として初めて米国議会から特別勲章を受けた彼は、こう語っている。

「すべてが終わったと思われた瞬間が何度もやってきたが、そのたびにまた始めた」

ローリングが12回断られた時点で出版をあきらめていたら、ルイス・ラムーアが350回ボツになった時点で「すべてが終わった」と文筆をあきらめていたら、彼らの名は誰にも知られなかっただろう。

一時はスポーツ記者を務め、大衆演説家として名をはせたスティーブ・チャンドラー（Steve Chandler）は、どうしてスポーツ記者になることができたのかを、次のように明かしている。

「新聞社に履歴書を送ったが、すべて断られた。彼らは、わたしに経験がないからだと言った。それがどうして重要なのかと聞くと、彼らは笑いながら、『あなたがスポーツ記事を書けるかどうか、我々にはわからないからです』と言った。アリゾナ州のある新聞社に志願したとき、ふと頭の中をよぎったことがある。わたしに経験がないからではなく、わたしが記事を書ける人間だと彼らが確信できないから採用できなかったのだろうと思ったのだ。彼らはわたし以外に4人と面接し、決定を下すまで1か月の時間がかかるという事実をわたしは知っていた。わたしは毎日、新聞社の部長に手紙を1通ずつ送った。その日その日のスポーツニュースに焦点を当てながら、わたしがいかに会社の役に立つかを知らせることに力を注いだ。1か月後、部長から電話があった。候補がふたり選ばれ、そのひとりがわたしだということだった。最終面接の日、彼はわたしにひとつ質問した。『スティーブ、ひとつ聞くが、就職したらもう手紙を書かないのかね？』後日、わたしは彼から、わたしが毎日送っていた手紙に彼は心を動かされたのだということを聞いた」

相手から断られ続けても、簡単にあきらめてはならない。他人にわかってもらえないからといって、簡単に絶望してはならない。お客にいくら親切にしても売上が増えないからといって、いたずらに見限ってはいけない。子どもへの愛情が伝わらないからといって、すぐに恨めしがってはならない。仕事で成果が上がらないからといって、途中で放棄してはならない。

やれるだけやったと思えたとき、これ以上可能性がないと思ってあきらめたくなったとき、肝に銘じるべきことがある。**まず、あらゆる可能性を試したと思っても、まだ可能性は残っている。そして、表向きには目に見える変化がないにしても、内側では少しずつ変化が起こっている。さらにチャレンジし続ければ、「この状態」から「あの状態」に突然変わる瞬間、すなわち臨界点がやってくる。**

アメリカインディアンの雨ごい師であるレインメイカーが雨ごいの祭りを行うと、必ず雨が降ったという。レインメイカーは一度も失敗したことがなかった。どうしてそんなことが可能なのだろうか。彼の真心に天が心を動かされたのだろうか。彼が雨を降らせる秘法を知っていたからだろうか。いいや、答えはただひとつ、彼は一度祈り始めると、雨が降るまでやめなかったからだ。

失敗するたびに、目標に向けて一歩ずつ進んでいる

実際、断られることが好きな人などこの世にいない。だが、断られることを深刻に考

えず、大きく傷つくことがない人たちもいる。彼らは断られて傷ついたり、極度に敏感な反応を示したりする人たちとは違う。「平均の法則（Law of Average）」を知っているからだ。

以前、ひとりの卒業生がわたしを訪ねてきた。彼は車のセールスをしているのだが、仕事がつらそうだった。ここ数週間は1台も車が売れず、自分はやるだけやったのに全然成果が出ないと言って、ため息をついていた。そこでわたしは彼にこう尋ねた。

「次の契約に成功するまで、平均何回くらい失敗するんだね？」

「そうですね、だいたい20回くらいお客さんと会って1台売れるという感じでしょうか」

わたしは彼にこう言ってやった。「20回も断られると思ったら、それはつらいだろう。だが、平均20回のチャレンジで1度成功するとしたら、断られるたびに契約成立で得られる収入の20分の1ずつ稼いだことになると思ったら、どうかな？　これが平均の法則というやつさ」

営業マンを経験し、モチベーションを高める分野で名講師と言われるようになったリサ・ヒメネス（Lisa Jimenez）はこう語っている。「考えてみれば、10人のお客さんと会ったらひとりの割合で２００ドルの商品を買ってくれるわけですから、平均すれば10

対1の割合です」と。その後、彼女はお客さんに電話をして「ノー！」と断られるたびに「やった！　20ドル稼いだ」と心の中で叫んだという。

契約を1件成立させて10万ウォン〔約8900円〕の手数料を受け取るために、お客さんに10回電話しなければならないとしよう。すると、その電話1本は1万ウォン〔約890円〕の価値がある。断られるたびに1万ウォンずつ稼ぐと同時に、仕事の成功に向かって10分の1ずつ近づいている計算だ。

ある日、大学生の息子がいつもより早く家に帰ってきた。ちょうど散歩に行こうとしていたわたしは、久しく息子と一緒に散歩していなかったので、こう言った。「お父さんと川辺に散歩に行こうか」

すると息子からひと言で断られた。「お父さん、僕は疲れているんだ。後で行くよ」

わたしは少ししてから、また息子の部屋に行った。「お母さんもお前と行きたがっているから、一緒に行こう」と言うと、息子は「じゃあ、お母さんとふたりで行ってきたら？」と答えた。少ししてまた部屋に行った。「お前が行かなかったらお母さんも行かないそうだ」「え～、今日は行きたくないから、またにするよ」さらにもう一度、部屋に行った。「こんな機会はなかなかないぞ。いま行かなければ、きっと後で後悔することになる。いま4年生だから、すぐに卒業、就職だ。結婚もするだろう。そうなったら、いつお母さんとお父さんと3人でのんびり散歩に行く時間がある?」すると息子が言った。「心配いらないよ。そのうち時間をつくるから」

少ししてから、また部屋に行った。「おい、小遣いを1万ウォンやるから行こう!」息子はあきれたように笑いながら、こう言った。「お父さん、僕が1万ウォンのために行くと思う? まだ小遣いも残ってるよ」そこでわたしは再びこう提案した。「じゃあ、散歩に行ってきたら、あそこにできた生ビールの店で一杯やろう」そうすると、やっと息子はあきらめたように「わかったよ、行くよ」と言って付いてきた。しかたないというそぶりだったが、決して不満げな表情ではなかった。

はたして息子は1万ウォンのために付き合ったのだろうか? 生ビールのために態度を変えたのだろうか? そうではないはずだ。これで態度を変えるための大義名分ができたと思った可能性が高い。

一度断ったら、その決定を簡単に変えられないのが人情だ。人は誰でも一貫性を保とうとする本性があるからだ。自分の考えを簡単に変えたら、意志が弱いとか気まぐれだと言われることになるからだ。

また、こんな理由で最後まで自分の考えにこだわる可能性もある。「これまでの態度を急に変えたら、これまで自分が頑張ってきたことはいったい何だ!」だから人は、一度嫌だと言ったら、なかなか意見を変えられないのだ。
しかし、誠意をもって十分な大義名分を提供しさえすれば、相手は意外に簡単に態度を変える場合が多い。その瞬間こそが臨界点だ。**外からは何の変化もないように見えても、大義名分を提供し続ければ、相手の内面に少しずつ変化が起こる。そうしてある瞬間、大義名分が十分に満たされたと思ったとき、変化が外に表れる。**ところが、大部分の人はこの臨界点の瞬間を待てずに、あきらめてしまうのだ。

〈動かない相手を説得する３つのステップ〉

●ステップ１：相手の身になって考えよう――ネズミを捕まえるには、ネズミの身になって感じなければならず、魚を捕まえるには魚の身になって考えなければならない。手に入れることだけを考えず、まず与えるものを探してみよう。自己中心的な思考から抜け出そう。

●ステップ２：臨界点を仮定するにしても、同じ方法を繰り返さないようにしよう――「10回切って倒れない木はない」ということわざの意味を考えるとともに、「狂気とは同じことを繰り返し、違う結果を予測することだ」というアインシュタインの言葉を肝に銘じよう。

●ステップ3：大義名分と理由を提供しよう――人間は理由を求める存在だ。誰かの態度を変えたければ、必ずそれにふさわしい理由を与えなければならない。相手があなたの言葉に耳を傾け、喜んで態度を変えたくなるよう、大義名分を提供しよう。

人は決して失敗しない。ただ、途中でやめているだけだ。やっていることに成果が出ないとき、子どもを説得するとき、不満を抱いたお客の気分を変える努力をするとき、あなたは何回トライしてあきらめただろうか？　彼らの臨界点はどこだろうか？

中国のことわざにこんな言葉がある。「遅れることを恐れずに、途中でやめることを恐れよ」

リチャード・ニクソン（Richard Nixon）はこう言った。「人生は失敗したときに終わるのではなく、あきらめたときに終わる」

聖書もまた、こう教えている。「たゆまず善を行いましょう。飽きずに励んでいれば、時が来て、実を刈り取ることになります」

（「ガラテヤの信徒への手紙」6章9節）

もう可能性がないと考えてあきらめたことは何だろうか？

あきらめたものの、臨界点を仮定して再びチャレンジすべきことは何だろうか？

point

❶「やるだけやったので、これ以上やってもしかたない」と思ってあきらめたことを、ひとつ探してみよう。

❷そんな状況でも最後まであきらめずに挑戦し、望みをかなえた人たちがいる。彼らは自分とどこが違うのだろうか、と考えてみよう。

❸これまでに説得をあきらめた相手を誰かひとり選び、その人に臨界点があると仮定して、変化を起こす方法を見つけよう。

９６０回目の挑戦で運転免許試験に合格

韓国南部の金羅北道完州《チョルラプクトワンジュ》に住む69歳のおばあさんは、64歳から運転免許の試験に挑戦し続け、５年目の２０１０年４月、ついに運転免許を取得した。

「ひとり暮らしだからね、寂しくって。これであちこち遊びにも行けるし。息子の家にも、娘の家にも行ける。動物園にも行こうと思って……。まあ、そりゃね、人からは気が変になったとか、恐ろしいとか言われたよ」

おばあさんは２００５年４月に初めて筆記試験を受けて以来、学科試験を９５０回、技能試験を10回も受け、合計９６０回のチャレンジの末に免許を手にしたのだった。挑戦しようと思ったきっかけを記者から聞かれて、彼女はこう語った。

「運転免許試験の問題集を見たら、65歳でも5年やれば合格できるって書いてあったんです。だから続けました。本当にちょうど5年で受かりましたよ」

週末と祝日を除き、毎日のように試験を受けに通ったが、点数は30～50点をなかなか超えなかった。交通費だけで毎週12万3000ウォン〔約1万1000円〕、印紙代が1回6000ウォン〔約530円〕ずつで、これまでに合計して約960万ウォン〔約85万円〕かかったという。雑穀やヨモギを市場で売って暮らすおばあさんは、費用をつくるためにマンションの清掃の仕事なども掛け持ちしたという。次は車を買う番だと言う彼女の名前は、偶然にも「車《チャ》サスン」（サ＝買う、スン＝順の意味がある）だった。

（「韓国日報」2010年5月7日付より）

このおばあさんのように、あなたには心から抱く夢があるだろうか？

あなたはそのために何回チャレンジする覚悟があるだろうか？

20

教えることは学ぶこと

積極的に教える機会を持とう

アルコール依存症を克服した30代男性

「3年前にアルコール依存症で病院に入院していたとき、教授の本で多くのことに気づき、数年前に教授に初めてメールをお送りしました。この間、わたしはまじめに治療を受けて、ついに退院することができました。ところが、完全禁酒できるという医師とわたし自身の思いは間もなく崩れ、再入院することになりました。そして入退院を繰り返し、自殺を試みたことも何度かあります。

ですが、いまや本当に変わりました。36歳という年齢ですが、サイバー大学にも入学し、学科の代表と学生副会長を務めています。宴会の2次会、3次会の場でも、もう酒に打ち勝つことができます。振り返ってみると、他の人に酒を断つ方法を教えたことが、酒断ちする際のいちばん大きな支えになりました」

人は誰かに教えるときにもっとも多くのことを教わる

ある日、暴飲で入院したビルが意識を取り戻し、医師に尋ねた。「わたしは、とうとう酒のせいで死ぬのでしょうか？」

医師が深刻な表情で答えた。「ビルさん、残念ながら、あまり長くないようです」

「そうですか……。気分転換のために、1杯だけ飲みたいのですが」

「どうぞ。ところで、ひとつお願いがあります。隣の病室に今度入院してきた少年に、あなたのひどい姿を見せてやってもらえませんか？　彼を怖がらせて、もう酒を飲まないようにさせたいのです」

ビルは素直に同意した。そして少年を訪ねて、なぜ酒をやめるべきなのか、真剣に説明し始めた。その途中で、彼は自分の言葉に自分で感動を覚えた。自分の病室に戻ったとき、ビルは、医師に酒を飲みたいと言った事実をすっかり忘れてしまっていた。その出来事をきっかけに彼は完全に酒を断つことができた。彼こそが、後に断酒会を設立したビル・ウィルソン（Bill Wilson）だ。

どうしてこんなことが起こったのだろうか？　**誰かを助け、他人に教えるとき、自分**

自身に驚くべき変化が起こる。他人を助けながら、助けをもらい、誰かに教えながら、より多くのことを学ぶのだ。そこにはいくつかの理由がある。

第1に、教える過程でノウハウをさらに多く身につけるからだ。人間は自分が知らないことを他人に教えることはできない。また、自分を説得できない限り、他人を説得することもできない。だから誰かを教えなくてはならないとき、より多く学ぶことになり、誰かを説得するために、その理由をより多く探そうとする。結果的に、自分自身がずっと多くのことを学ぶことになる。実践する方法を教えれば、そのノウハウをより多く確保するしかないため、実践できる可能性も高まる。

第2に、誰かに教えると、それに見合った自分のイメージをつくるからだ。人は誰でもイメージに見合った行動をとろうと努力する。学級委員になれば学級委員に見合った行動を、将校に任官されれば将校に見合った行動をとる。誰かに教えれば、無意識のうちに「自分はこんなことを教える人間なのだから……」と思い、自分に対して以前とは違うイメージを持つようになる。自己イメージが変われば、行動も当然変わる。断酒会のメンバーはみな、他人を助けるうちにより実践の意志が固まったと語る。

第3に、言葉と行動を一致させようとするからだ。人は本心からでなくても、いったん言葉を口にすると、それに見合った行動をとろうとする傾向がある。自分が教えた通りに行動せずに、言葉と行動が一致しなくなると、不協和状態になってストレスを感じる。先に述べた「認知不協和理論」によれば、ストレスを逃れるもっとも効果的な方法は、自分が言った言葉に行動を一致させ、頭で認識している協和状態を維持することだ。そうすると実行可能性が高まる。

子どもを変えようとする場合も、誰かに教えさせる方法ほど効果的なものはない。これは問題児を抱える悩みを訴えてきた、ある小学校の先生からのメールだ。

「わたしのクラスには、ひねくれていて、常にトラブルばかり起こす子がいました。そこで教授からいただいた助言通り、その問題児にわたしの仕事を手伝ってもらうことにしました。

『君は先生より字がうまいから、授業で使う単語カードを作ってくれないか?』

するとその子は気乗りのしない顔で、しかたなく応じました。ところが翌日、驚くことにきれいに作った一束のカードを持ってきたのです。今度は、アルファベットを上手に書くコツを友達に教えてあげてくれないかと頼みました。その子はうれしそうにうなずくと、その仕事も軽々とやり遂げました。それ以来、先生に対するひねくれた態度と、友達に対する暴力的な行動が、ウソのように消えました」

解決方法はすでに自分の心が知っている

儒教の教典『礼記』は、教えることによってより多くを学ぶことを、「教学相長（教えることと学ぶことは互いに作用し合う）」という言葉にまとめている。ユダヤ人もやはり、教学相長を昔から教育に活用している。彼らは小学校の子どもたちに、さらに幼い幼稚園の子どもたちの指導をさせる。

ユダヤ人の言葉であるヘブライ語では、「教える」という単語と「学ぶ」という単語は「ラマドゥ」という同じ語源を持っている。「教える」という意味の能動態「ラマドゥ」が受動態「ラメドゥ」に変わると「学ぶ」という意味になる。つまり、「教えてこそ学べる」という意味を含んでいるのだ。

もっと多く学びたければ、学んだことを人に教えればよい。わたしは学生を対象に文章を書くうちに、わたし自身がより多くのことを学んだ。**人は教えながら学ぶ。慰めながら慰められ、助けながら助けられる。**

では、いつ、誰に、何を教えればよいのか？　答えはシンプルだ。いますぐ、そばにいる人に、この本で読んだことをひとつ教えてあげよう。それがスタートだ。

教えることをあまり大げさに考える必要はない。本を読んだり講義を聞いたりしてメモしたことを、食事のときに家族に聞かせ、会社でのプレゼンテーションに活用し、お客にメールで教えてあげよう。そんな小さなことから、いくらでも誰かに教えることができる。新聞や本、講義、テレビなどから何かを学んだら、そのままその内容に自分の考えを少し足して、自然に話せばよい。そんなふうにして他人の知識が自分の日常に入り込み、自分のものとして生まれ変わるのだ。

わたしは自分の受講生に、何らかのかたちで他人に教える機会を与えようと工夫している。発表をさせるときも、自分が学生ではなく教授になったつもりで、「発表」ではなく「講義」をしてみよと言う。そしてこう付け加える。「**もっともしっかり学べるのは、他人に教えるときだ**」と。

指導学生のひとりから、いまこんな本を読んでいるというメールが来たので、読み終えたらその本の内容と何を学んだかを教えてくれと頼んだ。すると、すぐにこんな返事が来た。

「教授のメールを読むなり、『わたしが教授に教えるなんて……』という思いから、すべてが変わりました。これまでは眠れないときや、勉強に疲れたときに、寝ころんでのんびりこの本を読んでいたのですが、いまは机に向かって読んでいます。姿勢だけでなく、読む方法も変わりました。序文から読み直し、ただ読み流していた文章も『わたしに教えてくれ』という教授のメールの言葉が頭に浮かび、メモを取りながら読むようになりました」

誰かにもっと学んでほしければ、その人に「教えてくれ」と頼もう。子どもにもっと勉強してほしければ、「勉強を教えてくれ」と頼もう。社員の実行力を高めたければ、彼らが別の社員に実践の方法を教える機会を提供しよう。

わたしの娘がまだ中学生だったとき、数学の問題がうまく解けないといって、わたしに助けを求めてきたことがあった。わたしはじっくり問題を見てから（実は問題を見た瞬間、わたしの手に負えないとわかったが）、「よくわからない」と答えた。すると娘は「お父さん、大学教授でしょ？」と、がっかりしたように言った。

そこでわたしは、「ああ、確かに教授だが、その問題はお手上げだ」と正直に答えてから、こう頼んでみた。「その問題は先生に質問して、後でお父さんにもどうやって解くか教えてくれないか？」

翌日、娘はわたしを呼んで、筋立ててその問題を解いてみせてくれた。それ以来、娘はひとりで勉強するときもホワイトボードを用意して、学生に教える先生のまねをしながら勉強をすることが多くなった。そのためか、いまでは数学がもっとも得意な科目のひとつとなった。

教えてくれるように頼むことは、カウンセリングでも非常に有用な方法だ。夫婦の問題を抱えて相談に来た人に、わたしはこう尋ねることがよくある。

「お子さんが結婚して、あなたと同じような問題を抱えたら、どんな助言をしてあげますか？」

するとみな、思ってもみなかったような素晴らしい解決策を考え出す。そのたびに、わたしはこんな答えを返すのだ。

「では、いまおっしゃった通りに実行なさってください」

ほとんどの人は少し驚くが、結果的にわたしが助言するよりずっと効果的に問題を解決できる。どうしてこんなかたちの相談が効果を発揮するのだろうか？

問題を抱えている人の心の中には、問題の解決に必要なものがすでに潜んでいるからである。**他人に助言できるということは、すでに自分の中に立派な解決策があることを意味する。**悩みを抱えた人が、潜在的に持っている解決策によって自分の悩みを解決できるよう手助けするもっとも効果的な方法は、その人に誰かに教えるよう頼んでみることだ。

〈効果的に教えさせるための3つのステップ〉

●ステップ1：知らせる（Instruction）――教えることにおける最初の段階では、相手がまだ知らない内容を口頭と文章で知らせる。

●ステップ2：練習させる（Rehearsal）――手本を示し、教えることの予行演習をさせてみる。

●ステップ3：改善する（Feedback）――実際に教えているところをよく見守り、よくできた点を褒めてやり、問題があれば修正・補完すべき点を伝えて励ましながら、再びステップ1に戻る。

多くの企業が学習効果を増進するために「3人学習（3 Person Learning）」というプログラムを採用している。最初の人が2番目の人に教え、2番目の人が実践の経験を加えながら3番目の人に教えるのだ。

こうしたかたちで組織構成員が知っていることを実践し、他の人に教えることを繰り返すと、期待以上の効果がもたらされる。このプログラムをしっかり活用すれば、知識だけでなく実行力も高め、コミュニケーションや人間関係の能力までアップさせることができる。

本を読めば理解できる。理解しようとすれば記憶できる。記憶したことを教えれば、それは実行につながるだろう。学びたい分野があれば、そのテーマで文章を書いてみよう。

一年に数冊ずつ本を出版するほどの筆力を持つ作家が、こんなことを言っていた。

「わたしは知りたい分野があれば、そのテーマで本を書きます。文章を書こうとすれば、必然的にそのテーマに関して勉強するしかなくなりますからね」

実に見事な発想ではないだろうか。このように、学びたい分野があれば、それをテーマに文章を書き、その内容を誰かに教えてみるといい。教えられるのは知識量の多い人だとか、本を書けるのは専門家だけだという固定観念は捨ててしまおう。教えれば学ぶことになるし、文章を書けば専門家になれるのだから。

ダイエットに成功したければ、ダイエットのコツを人に教えよう。新しい習慣を身につけるもっともよい方法は、誰かのコーチや助言者になって教えることだ。実行に関する本を10冊読むより、誰かに実行の方法を一度教える方が、ずっと実行力が高まる。

あなたが絶対に実行したいことは何だろうか？
どんな人に、どんな方法を教えたいと思うだろうか？

point

❶ 変えるべきだと思いながらも変えられないでいる悪い習慣を探してみよう。

❷ その中で、誰かに教えることで直せる習慣を、ひとつ考えてみよう。

❸ 実行力を高めたり習慣を直したりするために、誰にどんな内容をどうやって教えるか整理し、すぐに小さなことから実行に移してみよう。

助けることで悩みを忘れることができた

男：自殺しようとしていたんだ。でも、あの精神科は僕にとって人生最高の場所だった。

女：お医者さんがよかったのね？

男：いや、患者が助けてくれたのさ。みんなを助けながら、自分の問題を忘れることができた。そうやって何度か患者を助けることで、言葉にできないような喜びを味わったんだ。ルーディーという患者をトイレに連れていく手助けをしながら、生まれて初めて、自分の悩みを忘れることができた。これは実に驚くべき経験だ。

実在の人物であるハンター・アダムスの姿を描いた映画『パッチ・アダムス』のせりふだ。不幸な家庭環境で育ったハンター・アダムスは、自殺未遂で精神科に入院する。人生の目的を失ってさまよっていた彼は、そこでちょっと変わった患者に出会い、インスピレーションを得る。そして奇抜な方法で他の患者たちを助けることで、初めて自分が人の役に立つことに気づく。そうして人生の目標を見出した彼は、患者仲間から「魂を治す」という意味の「パッチ（Patch）」というあだ名を授かり退院する。名前までハンター・パッチ・アダムスと変えた彼は医学部に進学し、病んだ体だけでなく、傷ついた魂まで治療する医師となる。そしてバージニア西部に医療革命のメッカと呼ばれるゲズントハイト（Gesundheit＝ドイツ語で「健康」の意味）病院を設立した。

あなたの問題を解決するために、あなたが助けられる人は誰か？

そこから学べるものは何だろうか？

epilogue

毎日1%だけ、昨日と違うことを実行しよう

人間関係に関する本を山のように読んでも、少しも人間関係がよくならない人は多い。読んで何か感じても、本棚に入れた瞬間に忘れてしまうからだ。自己啓発セミナーに何度となく参加しても、まったく啓発の効果が表れない人も多い。やはり聞いて、感じても、会場を出た瞬間に忘れてしまうからだ。

結果的に実践しないために本を読み、実行しないために講義を聴く人たちがあまりに多い。本書を読んで、何かを感じられたとしても、何も実行しなかったなら、それは本書を通じて「決心しても実行しない方法」を学び、訓練したようなものだ。

「玉が3斗あってもつないでこそ宝だ」ということわざのように、いくら多くの時間を投資して本を読み、いくら多くのことを感じたとしても、それを行動に移さなければ、何の意味もない。

夢もビジョンも実行が伴わなければ幻想に過ぎず、いくら分析力が優れていても実行しなければ金持ちにはなれない。どんなに美しい心でも、それを表に出さなければ、ラッピングまでしながら手渡さなかったプレゼントと同じだ。また、どんなに創造的なアイデアでも、それを実行しなければ無用の長物になってしまう。**実行力は目標を目に見える成果へと導く結び目であり、自分の運命はあなたが実行するかどうかに関わっている。**

わたしの本を読んだ読者からどんな言葉を聞きたいかと問われたら、わたしはこう答える。

ひとつは、「本書を読んで、これまで延ばし延ばしにしてきたことをひとつ、ついに実行しました」

もうひとつは、「あのときに本を読んで実行した小さなことがきっかけになって、わたしの人生はこんなに変わりました」

読者の皆さんが本書を読んで1000のことを考えるより、ただひとつだけでも実行に移してくださることを、わたしは望んでいる。

もしかしたら、あなたはまだ自分の実行力と粘り強さが足りないといって、自分を責めているのではないだろうか。だったら、歩き方と自転車の乗り方を覚えたときのことを考えてみてほしい。いま歩けて、自転車に乗ることができるのなら、あなたは決して意志薄弱な人間ではない。いまそれらのことができているのは、何度となく転んで、何度となく立ち上がることを繰り返しながら、それでもあきらめなかったからだ。本書の読者であるあなたには、そんな実行力がある。

「どんな患者も、自分の中に医師がいる。われわれ医師がなすべきことは、最善を尽くして、患者の中に潜む医師に自らを治療できる機会を提供することだけだ」

このアルベルト・シュヴァイツァーの言葉のように、皆さんの中には、自分だけの偉大な能力が潜んでいる。本書が、読者の方々の中に眠っている能力を行動に移すためのきっかけを提供できれば、本当にうれしい。

一度読んでおしまい、では、その本は何の価値もない。あなたは本書をすべて読み終えた。読み終えたら本を閉じて、しばし考える時間を持ってから、自分にこう問いただしてみよう。

1 WHY? わたしはなぜこの本を読もうとしたのか？
2 WHAT? この本を通じて得たものは何か？
3 HOW? それをどのように活用するか？

それからまた本を開いて、自分が残した痕跡を、もう一度ゆっくり眺めてみよう。

そしてすぐに実行できる小さなことをひとつ、あまりに簡単で、とても実行しないではいられない小さなことを、ひとつだけ探してみよう。今日の夜12時が過ぎる前に、必ず実行に移そう。あまりに大きなことは禁物だ。それは三日坊主への近道だからだ。いっぺんに変えてやろうという欲は抑えよう。途中で放棄する原因になるからだ。「明日やればいいじゃないか」という誘惑は振り切ろう。これこそが変化を妨げる最大の障害物だからだ。

小さなことを、ひとつだけ選ぼう。そして、今日すぐに実行に移そう。明日も、あさっても、しあさっても、毎日ひとつずつだけ実行しよう。

あまり尻込みせずに、気になることがあれば授業中に手を挙げればいいのだ。好きな人がいれば会いたいと言って電話すればいい。気持ちを心の中にしまっておかずに、寝ている子どもの頭をなでてやり、目下の者にも先にあいさつをしよう。あまりに忙しいと思ったら、いますぐに携帯電話の電源を切り、部屋の片づけをしたければ、引き出しの整理から始めよう。

「いまでなければいつ?」「ここでなければどこ?」という気持ちで、すぐに、この場で実行しよう。そして、これを習慣にしよう。点が集まって線になるように、すべての変化は小さな実践を繰り返す人に起こる。

詩人のジョン・グリーンリーフ・ホイッティア（John Greenleaf Whittier）はこう語った。

「この世で言葉と文で表現できるもっとも悲しい単語は『〜だったらよかったのに』だ」

あなたが人生を振り返って、時々ため息をつきながら、こんな悲しい単語をつぶやくことがなければよいと願う。

その代わりに、歳月がたつほど「あのとき〜したことが、どれほど幸いかわからない」と言いながら、満足の微笑を浮かべることが次第に増えることを願っている。後悔はいくら早くても早すぎることはなく、始めることはいくら遅くても遅すぎることはない。あなたを望みの場所に連れていってくれるのは、考えではなく行動だという事実を、絶対に忘れないようにしよう。

1％でも昨日とは違う、新しいことを、毎日ひとつずつでも実行していけば、じきにこんなふうに思えるようになることだろう。「〜をしたら〜もできる」と。

そうすれば、まもなく「ある朝、目覚めてみたら有名人になっていた」と叫んだ詩人、ジョージ・ゴードン・バイロン（George Gordon Byron）のように、こんな歓喜の声を上げるはずだ。

「ある朝、目覚めてみたら自分が完全に違う人間になっていた！　家の雰囲気がこんなに変わるとは！　自分のビジネスがこんなに大きくなるとは！」

昨日と違う明日を迎え、他人と違った人生を生きたければ、必ず満たすべき前提条件がある。昨日と違うことを考え、他人と違うことを行わなければならないということだ。

一日に何度でも、習慣的にやっていることの手を止め（Stop）、毎日1分だけでも考える時間を持ち（Think）、次に1％だけ昨日と違い、1％だけ他人と違うことを実行しよう（Action）。そのような生き方を選んだら、どんなことが起こるだろうか？　そしてそれは何につながるだろうか？

ラビンドラナート・タゴール（Rabīndranāth Tagore）が残した「水を眺めているだけでは、海を渡ることはできない」という言葉のように、人生を眺めているだけでは、決して望むものを手にすることはできない。わたしはいま、本書を読み終えたあなたが今日実践するその小さなことが、いったいどんな人生の軌跡を描くことにつながっていくのか、楽しみに感じられてならない。その一歩があなたの人生において、よいことばかり続く最初のきっかけになることを願って。

No Action, No Change!

イ・ミンギュ

心理学博士、臨床心理専門家。

檀國大学校特殊教育学科を卒業し、ソウル大学校大学院心理学科で臨床心理学の修士・博士の学位を取得。ソウル大学校学生生活研究所にカウンセラーとして勤めた後、朝鮮大学校医科大学精神科教授を経て、現在亜洲大学校心理学科教授として研究を続けている。

2001年には第1回亜洲大学校講義優秀教授賞を受賞。「幸せな人生を手に入れるためには1%だけ変えればいい」という哲学を主張して数多くの人に影響を与え、「1%行動心理学者」と呼ばれている。

著書に、韓国で100万部売れたベストセラー『好かれる人は1%が違う』(東洋経済新報社)をはじめ、『1%だけ変えても人生が変わる』『肯定の心理学』(ともに未邦訳)などがある。

吉川南（よしかわ みなみ）

翻訳家。

韓国の書籍やテレビ番組の字幕など、ジャンルを問わず幅広く翻訳を手がけている。

訳書に『私は私のままで生きることにした』(ワニブックス)、『あなたにそっと教える夢をかなえる公式』『成功者の話を聞けば君も成功できる』(ともにサンマーク出版)、『毒出し「黒豆」ダイエット』(SBクリエイティブ)など多数。

「後回し」にしない技術

「すぐやる人」になる20の方法

2021年1月19日　第1刷発行
2024年1月16日　第9刷発行

著　　　者　イ・ミンギュ
訳　　　者　吉川南
装　　　丁　轡田昭彦＋坪井朋子
カバーイラスト　©Naoko Sakai/amanaimages
校　　　閲　鷗来堂
翻 訳 協 力　株式会社リベル
編　　　集　臼杵秀之
発 行 者　山本周嗣
発 行 所　株式会社文響社
〒105-0001
東京都港区虎ノ門2-2-5
共同通信会館9F
ホームページ　http://bunkyosha.com
お問い合わせ　info@bunkyosha.com
印刷・製本　中央精版印刷株式会社

ISBNコード：978-4-86651-333-1　Printed in JAPAN
この本に関するご意見・ご感想をお寄せいただく場合は、郵送またはメール（info@bunkyosha.com）にてお送りください。